中国涉外法治战略中的
商事调解机制研究

张万春 ◎ 著

首都经济贸易大学出版社
Capital University of Economics and Business Press
·北京·

图书在版编目（CIP）数据

中国涉外法治战略中的商事调解机制研究／张万春著.
--北京：首都经济贸易大学出版社，2024.6
ISBN 978-7-5638-3683-3

Ⅰ.①中… Ⅱ.①张… Ⅲ.①商业-经济纠纷-调解（诉讼法）-司法制度-研究-中国 Ⅳ.①D925.114

中国国家版本馆 CIP 数据核字（2024）第 084597 号

中国涉外法治战略中的商事调解机制研究
张万春 著
ZHONGGUO SHEWAI FAZHI ZHANLÜE ZHONG DE SHANGSHI TIAOJIE JIZHI YANJIU

责任编辑	彭伽佳
封面设计	砚祥志远·激光照排 TEL:010-65976003
出版发行	首都经济贸易大学出版社
地　　址	北京市朝阳区红庙（邮编 100026）
电　　话	（010）65976483　65065761　65071505（传真）
网　　址	http://www.sjmcb.com
E-mail	publish@cueb.edu.cn
经　　销	全国新华书店
照　　排	北京砚祥志远激光照排技术有限公司
印　　刷	北京九州迅驰传媒文化有限公司
成品尺寸	170 毫米×240 毫米　1/16
字　　数	175 千字
印　　张	16.25
版　　次	2024 年 6 月第 1 版　2024 年 6 月第 1 次印刷
书　　号	ISBN 978-7-5638-3683-3
定　　价	69.00 元

图书印装若有质量问题，本社负责调换
版权所有　侵权必究

序

　　西周以降，三千年调解文化源远流长。朝代迭换，民间调解与官方调解始终相伴。从马锡五审判方式到新时代"枫桥经验"，中国调解文化绵延不断并享誉国际。

　　国际范围内现代调解运动风起云涌。联合国国际贸易法委员会（UNCITRAL）对于国际调解运动的推动矢志不移，最终促成了《联合国关于调解所产生的国际和解协议公约》的诞生。国际投资争端解决中心（ICSID）发展了国家与私人直接投资争议的多层专门调解，并突破了成员国限制。世界知识产权组织（WIPO）发展了全球范围内知识产权和技术争议ADR，还倡导UDRP域名争议解决服务ADR机制。除了这些著名国际组织，美国、日本和新加坡等国的调解事业也迅速发展。为什么美国兴起的ADR运动影响力遍及全球？为什么联合国调解公约以新加坡命名？为什么日本迅速批准《新加坡调解公约》？中国何时能够批准《新加坡调解公约》？对于这些问题，中国贸促会的调解事业可以提供部分视角，本书也可解决一些疑惑。

　　中国国际贸易促进委员会（以下简称"中国贸促会"）调解事业已经成为具有全球影响力的中国调解品牌。中国贸促会于1987年成立北京调解中心，2000年更名为中国国际贸易促进委员会/中国国际商会调解中心（以下简称"中国贸促会调解中心"）。2022年5月18日，习近平主席在庆祝中国贸促会建会70周年大会暨全球贸易投资促进峰会上发表视频致辞，高度肯定中国贸促会"始终把服务中外企业作为立身之本，促进贸易和投资，推动制度型开放，在国际经贸仲裁、知识产权服务、商事调解等领域积极探索创新"。中国贸促会调解中心目前已经在全国范围内设立了66个地方和行业调解中心，另有90余家办事处，与22个境外知名的争议解决机构建立了合作关系，形成了覆盖全球的调解工作网络。2018年，中国贸促会调解中心成为首批被中华人民共和国最高人民法院纳入"一站式"国际商事纠纷多元化解决机制的调解机构。

中国涉外法治战略视角对于我国商事调解事业具有重要意义。中国提出"一带一路"倡议已逾十年，已成为世界第二大经济体多年。着眼国际，落地国内，我国商事调解的国际化、专业化和法治化建设任重道远。张万春教授的著作既是中国法学会部级研究课题的成果，也是多年浸淫商事调解研究的结晶。该著作以中国涉外法治战略为视角，对我国商事调解机制的现状、问题及其完善建议进行了探讨，个中见解对我涉外商事调解建设具有一定的理论意义和实践价值。

张万春教授和中国贸促会调解中心颇有缘分，无论是研究报告写作还是调解标准建设，他都一丝不苟、兢兢业业，充分展现出一个学术人的专业和热忱。在此，我谨对张教授的著作出版表示由衷祝贺。

蔡晨风

2024年5月24日

前言

学者黄宗智认为，如果不结合民间的调解制度来考虑，官方的中国法制是无法理解的。也许传统中国和现代西方在司法制度上最显著的区别就在于前者对民间调解制度的极大依赖。中华法律文化中调解制度的表达和实际运行共同构成了我国调解历史的真实。

承袭千年调解文化历史，批准《新加坡调解公约》的呼声以及并不完全统一的观点，丰富的调解立法、司法解释与供给相对缺乏的商事调解立法，构建涉外商事调解制度的渴望与构建中国形象的涉外调解实践，共同构成这个时代商事调解和涉外商事调解的真实。

曾经肆虐全球的新冠疫情已经成为历史，但疫情后世界经济的重新启动和再恢复正在发生。2019年《新加坡调解公约》的缔结已经成为历史，但各国成为缔约国的衡量和评估正在发生。"一带一路"倡议提出已逾十年，国际商事争议和争议解决正在发生。中国涉外法治战略于近年提出，中国特色涉外法治体系构建正在发生。这些背景为我国涉外商事调解研究提供了中国战略视角和中国话语权注脚。

无论是传统的国际法（国际公法），还是国际经济法和国际私法,抑或是国际商法,在改革开放以后尤其是入世以后都获得长足发展。然而,相对于迅速发展的民法、商法和环境法,国际法学科还需要更多前进动力和更高赋能。中国涉外法治战略的提出显然能够提供这种价值。

本书在结构上体现出较为明显的问题意识和问题导向。除绪论和结论外,共分六章:第一章,中国涉外法治战略背景及其对我国商事调解的赋能;第二章,我国涉外商事调解机制的国内溯源与世界调解的发展;第三章,我国涉外商事调解机制的法治现状梳理;第四章,我国涉外商事调解机制的挑战与问题;第五章,我国涉外商事调解机制的法治镜鉴;第六章,我国涉外商事调解机制的策略与建议。

第一章,中国涉外法治战略背景及其对我国商事调解的赋能。涉外法治战略的提出对于中国特色社会主义法律体系的建设具有重要价值。一大批专门涉外立法和涉外立法章节开始出现,我国涉外立法领域得到加强,涉外案件管辖权得以扩展。为了坚决维护国家主权、尊严和核心利益,为了推动全球治理变革和推动构建人类命运共同体,应当努力加强和完善中国涉外法治体系。在此战略背景下,中国积极落地《新加坡调解公约》和加强国内商事调解立法就成为涉外法治建设必选项。中国商事调解事业的涉外法治工作应该努力拓展,形成中国特色的国际商事调解服务品牌。

第二章,我国涉外商事调解机制的国内溯源与世界调解的发展。中国拥有根脉深远的调解制度和调解文化,而融合了调解制度的 ADR 机制成为世界各国现代调解运动的重要组成部分。除了 ADR 以外，世界主要强国的调解立法也同步跟进，形成调解专门立法+ADR 立法的双进化机制。我国既要继承优秀的调解文化传统，又要克服传统调解文化中的惰性；既要明晰全球调解法治运动的潮流，又要确立中国特色的现代调解法律制度。

第三章，我国涉外商事调解机制的法治现状梳理。这一部分呈现了我国涉外法治战略背景下商事调解机制的建设成就。我国已经以《人民调解法》《农村土地承包经营纠纷调解仲裁法》《劳动争议调解仲裁法》《仲裁法》《民事诉讼法》等专门调解法律和涉外调解法律为基础共同构建起健全的人民调解法律制度体系。最高人民法院关于调解及多元化纠纷解决机制的司法解释成为调解法律制度的重要补充和"轻骑兵"。"一带一路"倡议为我国涉外商事调解机制建设提供了生动的实践图景和法治需求。

第四章，我国涉外商事调解机制的挑战与问题。我国涉外商事调解事业建立在我国既有调解法治的基础上，但也面临诸多挑战。商事调解与人民调解、行政调解、劳动调解和司法调解等专门调解不同，专门商事调解立法的缺乏使得涉外商事调解的法律地位、公信力和权威性都大打折扣。涉外商事调解机制与其他机制的对接，涉外商事调解的法律冲突问题及区际法律冲突问题，我国商事调解的调解员资质以及队伍建设问题都比较突出。我国尚未批准《新加坡调解公约》，也与商事调解法律制度供给缺乏有密切关系。

第五章，我国涉外商事调解机制的法治镜鉴。国际组织对于调解法律制度的建设作出了巨大贡献：UNCITRAL 对于《新加坡调解公约》的推动和促成，ICSID 对于国际直接投资争议的多层次调解，WIPO 对于知识产权和域名争议解决的 ADR 机制塑造。在国别视角下，德国调解法立法不仅仅是为了贯彻欧盟的调解指令，更在于对于大陆法系和德国固有的"为权利而斗争"的勇于突破精神。美国提倡和推广了 ADR 运动，美国 JAMS、AAA 等全球知名调解机构和 ADR 调解机构引领全球。日本充分吸纳世界各国有益的调解文化和调解制度：充分吸收中华调解文化，深入学习美国 ADR 和调解立法，及时批准《新加坡调解公约》。新加坡不仅积极推动国内调解立法，而且积极推动调解公约在新加坡的签署，积极与国际组织和各国进行调解合作，旨在打造亚洲乃至世界一流的国际商事调解服务品牌。这些国家，无论是调解法律环境的打造，还是对调解事业的推动策略和途径，都值得我国学习和借鉴。

第六章，我国涉外商事调解机制的策略与建议。涉外商事调解机制在立法观念和立法层面的重视才是最重要的启动因素。涉外立法是重点立法领域，需要国内宣传，也需要国际宣传。商事调解单行立法中应当有专门章节涉及涉外商事调解，《新加坡调解公约》应当及早批准和落地。在此之前，商业行业领域可以先从商事调解的有关标准先行先试，而粤港澳大湾区这个"一国两制"三法系区域也可成为涉外商事调解的最佳实践场。

本书是中国法学会 2022 年度部级法学研究课题"涉外法治战略中的商事调解机制研究"［课题编号 CLS（2022）D88］的研究成果。感谢课题组成员鞠晔、刘敬东、王芳和徐晶等各位老师的积极参与。

非常感谢中国贸促会商法中心蔡晨风主任为本书作序。她对于中国贸促会商法中心的领导和中国贸促会调解事业的推进有目共睹。非常感谢中国贸促会调解中心王芳副秘书长。她多年来一直努力推动中国贸促会国际国内调解业务，感谢一路走来她的支持和帮助。非常感谢中国社会科学院国际经济法研究室主任刘敬东老师，他一直是我比较尊重的师长，感谢他对本课题的支持。非常感谢粤港澳大湾区联合调解研究院徐晶院长对于课题的支持，她代表着香港商事调解的高度和温度。非常感谢北京联合大学应用文理学院法律系鞠晔副教授。鞠老师是年轻的法学新锐，具有承担国家级课题的丰富经验。多次跟鞠晔老师组建课题组，非常感激她的大力支持和帮助。

由衷感谢首都经济贸易大学出版社的兰士斌编辑。他是我的老学长，我非常感谢他对我出版的大力支持和帮助。真诚感谢首都经济贸易大学出版社彭伽佳编辑。她是我所遇到的为数不多的好编辑，处起来很舒服，非常高兴能跟彭老师合作。

感谢我的学生们对于书稿的校对和课题的参与。感谢我的硕士研究生曹源同学。他毕业后如愿进入法院系统，祝愿他成为一颗踏踏实实的司法螺丝钉。感谢我的硕士研究生吴睿妍同学。她充满了对法学的热爱和兴趣，她还在努力成长，希望她迅速成为一名年轻的科研老兵，在法律中找到自己的归宿。感谢我的本科生刘芸彤同学。她多次帮我处理文字，热情认真，让人放心。如今她如愿成为一名硕士研究生，唯愿她学业更进一步。

除了我的学生们，我还要提及我的一个家人：我妹妹张万香女士。做中学老师应该是很累的，她竟然还积极要求帮我校对文稿。我的确给了她一部分，后来就不忍心给了。感谢她真诚的帮助。感谢房虎德帮我选择著作封面以及提出的专业意见。

　　本书由北京大学九三校友爱心基金资助出版。由衷感激北京大学九三校友爱心基金的支持。感谢北京大学培育出的同年学子，他们已经成长为世界范围内各行各业的翘楚和基石。他们的温暖传递，必如星星之火，形成燎原之势。感谢北京大学教育学院秦春华教授。他教学科研非常忙碌，但是仍然忙里偷闲张罗我这个出版杂事。非常感激。我跟他最近虽未谋面，也不知以前是否见过，但是微信电话如沐春风，同学友谊弥足珍贵。谢谢春华同学，谢谢老秦。同时，一并感谢郭政同学以及其他幕后辛勤付出的同学。

　　本书在资料、观点和论证等方面仍然存在这样那样的欠缺和不足，敬请读者指正：wanchunzhang@139.com。

2024 年 5 月 26 日于通州

目 录

绪论 …………………………………………………………… 1
 一、研究背景：基于涉外法治战略和《新加坡调解公约》…… 1
 二、研究价值 ………………………………………………… 5
 三、研究现状 ………………………………………………… 7
 四、创新点 …………………………………………………… 19

第一章 中国涉外法治战略背景及其对我国商事调解的赋能 …………………………………………… 21
 一、我国涉外法治战略形成：统筹推进国内法治与涉外法治 ………………………………………………… 21
 二、我国涉外法治建设的重要战略意义 …………………… 35
 三、我国涉外法治战略建设之于商事调解的赋能价值 …… 41

第二章 我国涉外商事调解机制的国内溯源与世界调解的发展 …………………………………………………… 46
 一、我国商事调解的孕育：中国历史悠久的调解传统及承袭 ………………………………………………… 47

二、我国商事调解的产生和发展：清末民初以来 …………… 48
三、我国涉外商事调解的产生：以中国贸促会
调解中心为视角 …………………………………………… 49
四、世界调解制度的发展：从 ADR 运动
至《新加坡调解公约》…………………………………… 51
五、全球商事调解的新契机新阶段：《新加坡调解公约》
出台后 ……………………………………………………… 60

第三章　我国涉外商事调解机制的法治现状梳理 ………… 65
一、我国商事调解机制的立法与制度建设 ………………… 65
二、最高人民法院关于调解的司法解释及多元化纠纷
解决机制建设 ……………………………………………… 70
三、"一带一路"倡议与我国商事调解机制建设 ………… 75
四、我国涉外商事调解的特色 ……………………………… 77

第四章　我国涉外商事调解机制的挑战与问题 ……………… 85
一、商事调解立法的空白与立法必要性问题 ……………… 86
二、涉外商事调解的法律地位、公信力和权威性问题 …… 88
三、涉外商事调解机制的认同及与其他机制的对接问题 … 90
四、涉外商事调解的法律冲突问题及区际法律冲突问题 … 92
五、我国商事调解的调解员资质及队伍建设问题 ………… 94

第五章　我国涉外商事调解机制的法治镜鉴 ………………… 97
一、国际组织对于调解机制建设的推动 …………………… 99
二、德国调解法革命及单行法制定 ………………………… 109

三、美国 ADR 运动的引领 ······ 112
　　四、新加坡国际商事调解的成功运作 ······ 118
　　五、日本调解立法与 ADR 促进立法的共同推进 ······ 124

第六章　我国涉外商事调解机制的策略与建议 ······ 130
　　一、强化商事调解机制独立性的法治观念与宣传建设 ······ 130
　　二、因应《新加坡调解公约》的商事调解立法路径 ······ 133
　　三、确立先行先试的商事调解行业标准 ······ 135
　　四、以粤港澳大湾区联合调解机制为抓手，探索涉外商事调解机制建设 ······ 148

结论 ······ 153

附录 ······ 159
　　附录 1　团体标准：商事调解服务规范 ······ 159
　　附录 2　团体标准：商事调解员职业能力要求
　　　　　　（送审稿） ······ 175
　　附录 3　团体标准：商事调解员职业能力要求
　　　　　　（征求意见稿）征求意见汇总处理表 ······ 185
　　附录 4　WIPO 调解规则 ······ 193
　　附录 5　日本商事仲裁协会国际商事调解规则 ······ 208
　　附录 6　JAMS 国际调解规则 ······ 233

后记 ······ 241

绪　论

一、研究背景：基于涉外法治战略和《新加坡调解公约》

伴随着 20 世纪六七十年代 ADR[①] 运动和系列"庞德会议"的举行，调解这一方式在法律视野中的光环愈发耀眼，逐渐与其他替代性争议解决方式一起，成为有效解决争议的柔性机制。柯武刚和史漫飞认为：依赖强制的动力机制具有重大缺陷，即掌权者往往不具备运用所有可用资源所必需的知识，而受强制的人们则在可能偷懒而不受惩罚的时候尽量敷衍塞责。[②] 英国著名大法

---

　① 1976 年，在美国召开的讨论"大众为什么会对司法行政不满"的国家会议上，弗兰克·桑德尔教授第一次使用了 ADR（alternative dispute resolution，替代性争议解决）的概念。参见西蒙·罗伯茨，彭文浩. 纠纷解决过程：ADR 与形成决定的主要形式 [M]. 刘哲玮，等译，北京：北京大学出版社，2011：60.

　② 柯武刚，史漫飞. 制度经济学：社会秩序与公共政策 [M]. 韩朝华，译. 北京：商务印书馆，2000：76.

官迈克尔·科尔爵士（Michael Kerr）从正面诠释了调解，即用法律程序去解决复杂案件需要时间，而调解这种方式能够极大地节约时间，因为它不需要定义法律上谁对谁错。

中国传统的调解文化和调解制度凝聚着"和"文化的灵魂。中华文化崇尚和谐，中国"和"文化源远流长，蕴涵着天人合一的宇宙观、协和万邦的国际观、和而不同的社会观、人心和善的道德观。在 5000 多年的文明发展史中，中华民族一直追求和传承着和平、和睦、和谐的坚定理念。[①]

本商事调解机制研究主要基于以下四个新的特殊背景：其一，中国涉外法治战略的提出和推进；其二，中国"一带一路"倡议与建设；其三，《联合国关于调解所产生的国际和解协议公约》（以下简称《新加坡调解公约》）的签署和生效；其四，新冠疫情的暴发与流行。前三个背景为我国涉外商事调解研究提供了中国战略视角和中国话语权注脚；而新冠疫情再次提醒人们：无论是国际贸易还是国际投资，涉外商事调解的争议的基础往往是全球化的和不可逆的，否则全球经济必然同步进入集体衰退。

（一）中国涉外法治战略的提出和推进

伴随着 20 世纪 70 年代末开启的改革开放以及 21 世纪初中国加入世界贸易组织（WTO）并迅速与国际并轨，中国因国际投资、国际贸易等国际经济贸易往来而产生的涉外法治日益成为中国法律制度的重要组成部分。

[①] 2014 年 5 月 15 日习近平主席在中国国际友好大会暨中国人民对外友好协会成立 60 周年纪念活动上的讲话。

世界大变局背景下的国际力量对比深刻调整。中国目前是世界第二大经济体，经济体量巨大，中国正由经济大国向经济强国迈进，由认真遵守国际规则的负责任大国向积极参与国际规则制定的世界大国转化。中国政府及时调整责任定位，积极参与国际治理并承担大国和强国责任。面对中国国际地位的崛起和美国等涉华制裁的单边主义困局，21世纪的第二个十年成为中国涉外法治战略明确提出的年代。中国式现代化的实现需要涉外法治战略的辅助，而涉外法治建设也是中国法治现代化发展的必然。

（二）《新加坡调解公约》的签署与生效

《新加坡调解公约》的签署，为中国涉外法治建设带来了更多的内生需求和动力，涉外商事调解机制建设也成为中国构建人类命运共同体和积极参与、主动引领国际法治规则的重要突破点。《新加坡调解公约》的积极因应，是中国涉外法治建设的契机。《新加坡调解公约》于2018年12月20日通过，2019年8月7日在新加坡开放签署，2020年9月12日正式生效。《新加坡调解公约》是世界上第一个通过调解方式解决商事纠纷的多边条约，也是国际争端解决机制"三驾马车"中最后一个通过的多边公约。如同1958年的《纽约公约》之于国际仲裁，该公约必将为国际调解奠定里程碑。

《新加坡调解公约》的诞生是国际商事争议解决历史上的里程碑事件，为调解、商事调解、联合调解[①]机制和规则的构建带

---

① 本书中如果没有特别说明，联合调解并非指诉讼程序中的调解，而是具有独立意义的商事调解，与人民调解、行政调解和司法调解不同。

来了巨大机遇。调解虽然与诉讼和仲裁并称为争议解决的"三驾马车",但其法律地位和保障机制远不如诉讼与仲裁,普通民众对其权威性与有效性的认知也不如此二者。为解决调解的执行问题,《新加坡调解公约》应运而生。

(三) 中国"一带一路"建设对涉外商事调解的需求

中国"一带一路"倡议是中国全球化战略主张的重要组成部分。涉外调解机制和调解规则的柔性和灵活性以及"一带一路"国家不同法律制度的冲突,是较为完美的匹配机制。商事调解的灵活性、保密性和国际联合调解的优势可以充分利用到解决"一带一路"的商事纠纷中去。只要不违反法律强制性规定和当事人的合意,专业的商事调解员可以依据交易习惯和惯例进行调解,通过利益分析、现实考量和说服劝导,使争议方着眼于商业利益平衡和未来商业机会而达成共识。在"一带一路"倡议中,商事调解机构需要加强合作,共同推动纠纷主体选择使用商事调解来解决沿线国家在贸易和投资方面出现的商事争议。

中国的国际地位以及对《新加坡调解公约》的态度在国际上极为重要。中国必须清楚且评估、调研这种表态的重要性、影响的广泛性以及落地的可示范性。在成为全球负责任大国的过程中,克服单纯依赖经济大国而胜的意识惯性与阻止中国成为负责任大国的制裁思维将一直并存,很难完全消失。中国必须在硬性与柔性平衡中完成不断上升的力量积蓄。涉外法治战略背景下的调解机制、调解规则一方面是中国对于《新加坡调解公约》积极回应的重要表现,另一方面也是公约在中国进行落地实践的重要途径和渠道。

二、研究价值

本书的学术价值主要分为理论价值和实践价值两方面。理论价值主要有：①丰富替代性争议解决（ADR）机制；②为探索涉外法治建设落地路径提供支撑；③为单行调解法或商事调解立法提供法理支撑。实践价值主要有：①为《新加坡调解公约》切实落地提供路径；②推进我国商事调解标准建设。

（一）丰富替代性争议解决（ADR）机制

替代性争议解决机制并非我国司法实践的主流内容，我国也始终没有像美国和日本一样的 ADR 立法。我国近些年的司法理论与实践都更加重视多元化争议解决机制的构建。但就现代调解理论而言，无论是 ADR 还是 ODR（在线争议解决），调解都占有极为重要的地位。在涉外多元争议解决机制中，调解的法治路径还需要更加突出，商事调解也应当成为涉外商事纠纷解决的首选。

（二）为探索涉外法治建设落地路径提供支撑

中国在国际上的迅速崛起与大国责任的承担，迫切需要涉外法治的快速全面应对。涉外法治建设着眼于国际，落地于国内，充分利用多元化国际商事争议的软性争议解决渠道，打造刚柔并济、有进有退、兼顾公平和效率的中国式现代化国际商事争议解决机制,是将诉讼与仲裁、调解有机衔接的一站式多元化解决机制创新研究的重要使命,充分整合我国人民法院、仲裁机构和调解机构的优势,勠力成为国际商事争议解决的推动力量和中国品牌。

(三) 为单行调解法或商事调解立法提供法理支撑

目前,中国涉外法治建设的重要工作是完善相关领域立法,涉外商事调解可以作为抓手提供落地范例。相比修改《民事诉讼法》《仲裁法》等途径,真正发展我国涉外商事调解,应当依赖于调解法单行法立法。无论是制定调解法还是商事调解法,至少应当将涉外商事调解作为一节内容加以确认。

(四) 为《新加坡调解公约》切实落地提供路径

虽然《新加坡调解公约》的国际影响力仍然需要观察,美国、英国和韩国等签署国目前还没有批准,但是,新加坡和日本等国已经成为公约成员国,各国签署公约并成为公约成员国的动作也非常积极。如何利用"规则红利"积极因应《新加坡调解公约》,何时批准公约并将公约落地,中国的策略和态度在全球比较受瞩目。在涉外法治建设亟须突破的背景下,中国宜及早确立单行调解法及其配套法律制度,这很重要。

(五) 推进我国商事调解标准建设

在中央立法和地方立法缺失的背景下,商事调解标准的建设具有极为重要的实践价值。以中国贸促会/中国国际商会调解中心为中心，建设商事调解和涉外商事调解的线上和线下调解程序、调解员资格和能力要求等团体标准，可以为国家标准或调解立法积累更多的宝贵经验。

三、研究现状

（一）我国涉外法治的理念、内涵与体系

习近平法治思想和坚持统筹推进国内法治和涉外法治要义，揭开了我国涉外法治研究的新篇章。涉外法治工作战略展现了国内治理和国际治理、国内法与国际法的高度一体化，昭示着中国立场和中国视角下对于国家和国际治理的大国担当，体现了运用法治思维合法维护中国权益的决心和取向。

涉外法治在理念上意味着国际法视角下中国因应国际的更加积极主动的法治思维，是习近平法治思想的重要内容。张文显（2022）认为，习近平法治思想为有力有理地开展涉外法治斗争提供了充分的法理支撑。[①] 习近平法治思想中的涉外法治理念，回应了当下协调国内治理和国际治理两个大局，融合了国内法治和国际法治双重因素（谢宇，2021；丁丽柏、黄华，2021；贾慧智，2022）。但是，涉外法治从根本上如何以法治思维和法治方式来处理涉及我国的涉外事务（黄进、鲁洋，2021；王翰，2021；李秀梅，2022），统筹推进国内法治和涉外法治，是中国

---

① 张文显. 习近平法治思想的政理、法理和哲理 [J]. 政法论坛, 2022, 40 (03): 3-26.

日益走近世界舞台中央的应有之义（宋婷，2022），是中国特色社会主义法治建设的实在领域和重要组成（张婧，2021；王俊峰，2019）。

对我国涉外法治内涵的研究，应有中国本位基础上的国内法和国际法双重视角的审视。韩立余（2022）认为，中国涉外关系的法律治理可以称为涉外法治，中国涉外法律治理在涉外法治中应发挥主导作用。[1] 张虓（2022）认为，我国的涉外法治是一种介于国内法治与国际法治之间的双向互动的法治形态。[2] 周小凡（2022）认为，习近平关于涉外法治的重要论述将传统国际法的内涵提升至新的高度，具有更加丰富的国际法内涵。[3] 涉外法治的内涵之中，最重要的当属维护国家主权、安全和发展利益以及国际公平正义（胡兴建，2021；黄瑶，2022；何志鹏，2022）。许皓（2021）认为，涉外法治是在法治框架下推动国内循环、国际循环及二者的良性互动，促进内外循环的畅通互动和参与国际规则的制定，推动国际法治的发展和构建人类命运共同体。[4] 邱水平（2022）指出，推动全球治理变革，推动构建人类命运共同体，坚持践行多边主义等，对贯彻涉外法治具有重要意义。[5] 杨泽伟（2021）认为，涉外法治目的是为深化国际交

---

[1] 韩立余. 涉外关系治理的法律化与中国涉外法律实施 [J]. 吉林大学社会科学学报，2022，62（02）：34-48，235-236.

[2] 张虓. 涉外法治的概念与体系 [J]. 中国法学，2022（02）：264-282.

[3] 周小凡. 习近平关于涉外法治重要论述对传统国际法的创新与发展 [J]. 学术界，2022（01）：15-21.

[4] 许皓. "双循环"的法治保障：以内促外与内外并举 [J]. 湖北大学学报（哲学社会科学版），2021，48（05）：141-149.

[5] 邱水平. 论习近平法治思想的法理学创新 [J]. 中国法学，2022，（03）：5-23.

流合作、妥善应对和解决各种涉外法律问题提供强有力的法治保障。① 陈立强（2021）将涉外法治视为国内法治的一部分。②

涉外法治体系建设的首要任务应当聚焦我国法治短板和规则制定，加强涉外领域立法，完善涉外法律法规体系（黄惠康，2022；李秀梅，2022；霍政欣，2022；张法连，2022）。此外，涉外法治还应当围绕涉外执法司法效能展开（陈一新，2021）。涉外法治体系的建设具有多维度和多重性，与涉外法治学术体系、人才培养密切相关（黄进，2020；于清林，2021；李秀梅，2022）。涉外法治体系的建设应当兼顾国家利益和人类命运共同体（刘晗，2022；张龑，2022；姜启帆，2022）。

（二）《新加坡调解公约》与我国商事调解机制的完善

批准《新加坡调解公约》，是完善我国商事调解制度、顺应法律全球化趋势的必然要求。业界普遍认为，阻碍国际商事调解发展的主要原因，在于其缺乏国际公约提供有效和统一的跨境执行和解协议的法律框架。③ 肯定我国应当批准《新加坡调解公约》的态度占据主流。孙南翔（2021）指出，我国需观察其他国家立场并逐步完善我国的国际商事调解法律制度，以创造有利条件并相机决定批准《新加坡调解公约》。④ 陈洁（2020）提

---

① 杨泽伟. 为涉外法治工作提供学理支撑[N]. 人民日报，2021-10-20（009）.
② 陈利强主编. 一带一路涉外法治研究2021[M]. 北京：人民出版社，2021.
③ 蔡伟. 从《新加坡调解公约》看我国商事调解的改革[J]. 安徽大学学报（哲学社会科学版），2021，45（02）：114-122.
④ 孙南翔.《新加坡调解公约》在中国的批准与实施[J]. 法学研究，2021，43（02）：156-173.

出,《新加坡调解公约》解决了国际商事调解最大的缺陷即执行力问题;公约在我国落地生效后,将极大地改变我国国际商事纠纷解决的格局。[1]

《新加坡调解公约》在我国批准实施,面临法律制度配套、执行机制协同和调解人才不足等一系列亟待论证和解决的问题。唐琼琼(2019)提出,我国商事调解一般立法的缺位,使得与调解相关的具体法律制度存在空白或不足,我国商事调解配套机制的严重不足将给《新加坡调解公约》在我国的适用造成障碍。[2] 段明(2020)认为,中国加入《新加坡调解公约》面临的问题主要在于我国商事调解准备不足,主要表现为国内缺乏基本的商事调解法律、国内商事调解组织竞争力欠佳、国内商事调解人才培养不足、虚假调解等方面。[3] 孙南翔(2021)认为,国际商事调解和解协议在我国尚缺乏可执行性,在我国现行法律制度下,外国或国际调解协议需转化为法院判决、裁定或仲裁裁决,才能得到执行。[4]

关于因应公约完善我国涉外商事调解法律制度的立法问题,杜军(2021)提出,《新加坡调解公约》的生效会将我国商事调解法治迅速推至与国际商事调解机制深入互动的最前

---

[1] 陈洁. 我国国际和解协议准予救济制度的构建:以《新加坡调解公约》的签署为契机 [J]. 东南大学学报(哲学社会科学版),2020,22(02):92-101.
[2] 唐琼琼.《新加坡调解公约》背景下我国商事调解制度的完善 [J]. 上海大学学报(社会科学版),2019,36(04):116-129.
[3] 段明.《新加坡调解公约》的冲击与中国商事调解的回应 [J]. 商业研究,2020(08):129-137.
[4] 孙南翔.《新加坡调解公约》在中国的批准与实施 [J]. 法学研究,2021,43(02):156-173.

线。① 段明（2020）认为，中国加入《新加坡调解公约》有利于倒逼国内尽快完善商事调解的基本法律制度，对制定《商事调解法》的具体内容给出建议。② 周建华（2021）对我国商事调解立法提出了"三步走"递进式构建：从行政法规"商事调解暂行条例"，到综合"调解法"商事调解专章，再到"民事程序法典"的商事调解专节。③ 宋连斌和胥燕然（2021）建议商事调解立法分"两步走"：先利用"双轨制"为国内商事调解发展争取缓冲，然后实现商事调解制度并轨。④ 唐琼琼（2019）认为，意思自治原则和保密原则是我国商事调解基本法的两项基本原则。⑤

完善调解组织、调解员认证与培养制度，是真正贯彻《新加坡调解公约》的重要举措。连俊雅（2021）认为，应当适时制定单行商事调解法，建立专职调解员队伍，培育社会诚信体系等，以提高国际商事和解协议执行率。⑥ 唐琼琼（2019）认为，解决公约背景下我国商事调解制度的困境，应当引导民间机构建

---

① 杜军. 我国国际商事调解法治化的思考 [J]. 法律适用, 2021 (01): 150-156.
② 段明.《新加坡调解公约》的冲击与中国商事调解的回应 [J]. 商业研究, 2020 (08): 129-137.
③ 周建华. 商事调解立法体系的递进式构建研究 [J]. 北京理工大学学报（社会科学版）: 1-14.
④ 宋连斌, 胥燕然. 我国商事调解协议的执行力问题研究: 以《新加坡公约》生效为背景 [J]. 西北大学学报（哲学社会科学版）, 2021, 51 (01): 21-32.
⑤ 唐琼琼.《新加坡调解公约》背景下我国商事调解制度的完善 [J]. 上海大学学报（社会科学版）, 2019, 36 (04): 116-129.
⑥ 连俊雅. 经调解产生的国际商事和解协议的执行困境与突破: 兼论《新加坡调解公约》与中国法律体系的衔接 [J]. 国际商务研究, 2021, 42 (01): 50-62.

立调解员认证机制，制定调解员职业守则。[1]

涉外商事调解协议的执行是重中之重，且多集中于司法审查方面。冯冬冬（2023）针对国际商事调解协议不具有执行力、专门的商事调解法律规则缺乏、完善的调解员行为规范欠缺等问题，认为中国应从适时建立国际商事调解协议直接执行机制、健全商事调解法律体系及调解规则、制定调解员行为守则等入手，完善中国国际商事调解协议执行制度。[2] 程勇跃（2022）提出了涉外法治视角下我国国际商事调解协议执行制度的三层次构建。[3] 周建华（2021）提出，最高人民法院应出台专项司法解释，对国际调解协议执行和审查的具体环节进行细化，建构地方法院拒绝执行国际调解协议时的内部逐级报核程序。[4]《新加坡调解公约》审查执行应当遵循必要原则（戴欣媛，2020；程华儿，2020）和必要机制（段明，2020）。在审查执行的准予救济方面，应当构建我国国际和解协议的准予救济制度（陈洁，2020），解决调解协议的确认程序、调解协议执行与否的判断标准以及防范不当制度套利等问题（杜军，2021）；因公共政策拒绝准予救济时，可将外国仲裁裁决的执行标准移植到执行和解协议中（温先涛，2019）。

---

[1] 唐琼琼.《新加坡调解公约》背景下我国商事调解制度的完善［J］.上海大学学报（社会科学版），2019，36（04）：116-129.
[2] 冯冬冬.《新加坡调解公约》背景下中国国际商事调解协议执行机制的完善［J］.国际法研究，2023，（02）：143-160.
[3] 程勇跃.推进涉外法治建设视域下我国国际商事调解协议执行制度的构建：以新加坡调解公约在我国的批准与实施为视角［C］//北京市法学会、天津市法学会、上海市法学会、重庆市法学会，《上海法学研究》集刊：2022年第19卷：京津沪渝法治论坛文集.上海市第一中级人民法院，2022：177-186.
[4] 周建华.商事调解立法体系的递进式构建研究［J］.北京理工大学学报（社会科学版）：1-14.

(三) 我国涉外商事调解的研究趋势

从报刊文献看，马赛（1996）最早触及涉外商事调解，基于 1994 年外商投资案例阐述涉外商事调解的背对背、面对面等调解方式，[1] 此后又连续发文阐述涉外商事调解作为新生事物的价值、概念、特征以及存在的问题和对策。[2] 进入 21 世纪后，涉外商事调解并未立即成为研究热点。伴随着 2002 年 11 月联合国国际贸易法委员会《国际商事调解示范法》的出台，权威报纸对商事调解以及中外商事调解的报道开始增多。从 CNKI 我国商事调解研究趋势图（见图 1）可以看出，2004 年至 2018 年，研究成果开始稳定呈现，但是总体上仍然较少，研究文章每年不超过 10 篇。伴随着 2019 年 8 月《新加坡调解公约》这一国际商事争议里程碑式公约的签署，研究文章数量明显提升，并且多与该公约相关。回溯整个涉外商事调解或国际商事调解的学术研究历史，沈四宝、范愉、刘敬东、陈洪杰、穆子砺、安文靖、杨福学、黄进、宋连斌、李焕然、吴俊、段明、王钢、王芳、齐树洁等众多理论和实务界专家为商事调解做出了重要贡献。

《新加坡调解公约》签署后，商事调解研究持续发酵并不断形成研究高峰，涉外法治战略下商事调解应当承担的功能和使命还需要努力挖掘和设计，商事调解的价值还应当与习近平法治思

---

[1] 马赛. 从一起调解案看涉外商事调解方式的多样性及其使用 [J]. 浙江省政法管理干部学院学报，1996（02）：28-29.

[2] 马赛. 试述我国涉外商事调解特征、特性及意义 [J]. 浙江省政法管理干部学院学报，1999（02）：68-72；马赛. 涉外商事调解目前存在的问题和对策 [J]. 中国对外贸易，1999（07）：58-61.

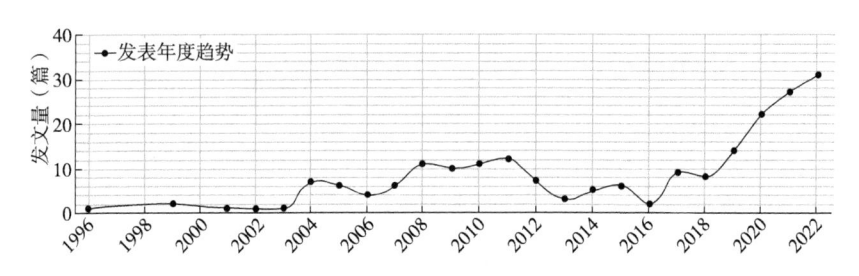

图 1　我国商事调解研究趋势图

想和涉外法治战略相匹配,涉外商事调解的站位还应当努力提高,联合调解和涉外商事调解的统一规则还需要努力建设。"一带一路"倡议和粤港澳大湾区的商事调解机制建设应当作为涉外商事调解建设的抓手大力加强,涉外商事调解机制的法律冲突和区际法律冲突的解决还需积极探求,商事调解的内部机制建设还需努力探索,商事调解与诉讼和仲裁的对接机制还需法律确认,商事调解调解员以及调解队伍的建设还需大力加强。所有这些问题,不仅需要从习近平法治思想和中国特色法治体系的高度加以构建,还需要从动态法治体系建设的层面进行解构和落地执行,对于这些理论和实践中的问题,本书期望进行些微推动。

(四) 国外商事调解与 ADR 研究趋势

国外关于商事调解领域的经典文献,体现在调解理论和实践、方法和技巧以及调解在不同领域和国家的应用等方面的研究和应用。

1. 关于调解的综合性理论与实践

Moore(2003)论述了调解的理论、模型、技能和实践指导，应当属于商事调解领域的经典之作。① Boulle（2005）探讨了调解原则、过程和实践，涵盖了商事调解的不同领域和应用。② Moore（2008）阐述了商事调解、家庭调解、组织调解等不同领域的理论、实践和案例，成为多个领域的调解和解决冲突方法的重要参考。③ Folberg 和 Golann（2014）介绍调解的理论、技巧、模型和案例，对商事调解的实践和培训提供了详尽的指导。④ Kressel（2011）阐述了商事争端中组织调解的理论和实践，强调组织调解在组织内部和外部争端解决中的作用。⑤

2. 调解在冲突解决中的价值与作用

Greenberg 和 Folger（1985）主张公平程序对调解效果的影响，提出了"公平过程效应"在调解过程中的重要性。⑥ Ury 等（1988）认为，应当设计有效的冲突解决系统，降低冲突解决成本。⑦ Ury（2000）明晰了第三方介入及商事调解在冲突解决中的作用，⑧ Domenici 和 Littlejohn（2006）侧重调解在冲突

---

① Moore, C. W. (2003). The mediation process: practical strategies for resolving conflict. Jossey-Bass.

② Boulle, L. (2005). Mediation: principles, process, practice. Butterworths.

③ Moore, C. W. (2008). The handbook of mediation and conflict resolution. Jossey-Bass.

④ Folberg, J., Golann, D. (2014). Mediation: a comprehensive guide to resolving conflicts without litigation. Jossey-Bass.

⑤ Kressel, K. (2011). The handbook of organizational mediation. John Wiley & Sons.

⑥ Greenberg, J., Folger, J. (1985). Procedural justice, participation, and the fair process effect in groups and organizations, Research on negotiation in organizations (Vol. 1, pp. 255-283). JAI Press.

⑦ Ury, W. L., Brett, J. M., Goldberg, S. B. (1988). Getting disputes resolved: designing systems to cut the costs of conflict. Jossey-Bass.

⑧ Ury, W. (2000). The third side: Why we fight and how we can stop. Penguin.

管理中的赋权作用,[①] 而 Cahn 和 Abigail（2014）则强调商事调解的沟通技巧和策略以及有效沟通在调解过程中的重要性。[②] Fisher 和 Patton（2011）强调在解决争端时关注利益而非立场，在商事调解和谈判实践中运用"利益导向"调解方法。[③] Susskind 和 Ali（2014）探讨了数字化时代 ODR 在商事争端中的应用和前景。[④]

3. 调解员的调解方法和技巧

Ury（2000）主张困难情境下谈判和调解的实用方法与技巧可以帮助调解员处理复杂的商事争议。[⑤] Menkel-Meadow（2017）强化了调解员的角色和技能，探讨了调解员的不同风格、方法和效果以及调解员的培训和实践。[⑥] Folberg 和 Golann（2018）则探讨了律师在商事争端中的角色和技巧，以及律师在商事调解中的职责和实践。[⑦] 至于商事调解技巧中心理学的应用，Wong 和 Wong（2006）探讨了转化性调解，以及在商事调解中如何通过积极心理学的方法来促进调解员和当事人的自我发展和提升。[⑧]

[①] Domenici, K., Littlejohn, S. W.（2006）. Mediation: empowerment in conflict management. Waveland Press.

[②] Cahn, D. D., Abigail, R. A.（2014）. Managing conflict through communication. Routledge.

[③] Fisher, R., Ury, W., Patton, B.（2011）. Getting to yes: negotiating agreement without giving in. Penguin.

[④] Susskind, L., Ali, S. H.（2014）. The future of dispute resolution: the role of online dispute resolution in a digital world. Penn St. JL & Int'l Aff., 2, 345.

[⑤] Ury, W. L.（2000）. Getting past no: negotiating in difficult situations. Bantam.

[⑥] Menkel-Meadow, C.（2017）. When talk works: profiles of mediators. Oxford University Press.

[⑦] Folberg, J., Golann, D. W.（2018）. Lawyer negotiation: theory, practice, and law. Wolters Kluwer Law & Business.

[⑧] Wong, P. T., & Wong, L. C.（2006）. The positive psychology of transformational mentoring: enriching the self of the mentor and the mentee, Handbook of research on multicultural business ethics（pp. 295-312）. Edward Elgar Publishing.

Noll 和 Zigler（2007）强调冲突解决中心理学的作用，包括商事调解多个领域的冲突解决方法以及心理学在商事调解中的应用和相关理论。[1] Alexander（2008）认为转化性调解是一种基于人的需要和关系的调解方法，在调解过程中应当促进当事人的自我认知和自我决定，从而实现深层次的解决争端。[2]

4. 涉外调解和跨文化调解

LeBaron（2006）主张跨文化调解，探讨文化因素在商事争端中的影响，并提供了跨文化调解的方法和技巧，对处理跨国商事争端和多元文化背景下的调解具有重要指导意义。[3] Menkel-Meadow 等（2006）则认为调解中的文化因素在跨文化调解中具有重要价值，他强调调解员在处理文化复杂性的商事争端时应采取灵活的方法。[4]

尽管国外现代商事调解文献浩如烟海，但是这些研究的一个重要方向是 ADR 理论体系研究。弗兰克·桑德（Frank Sande）1976 年在庞德会议上关于"公众对司法不满的原因"的演讲被公认为替代性争议解决（ADR）历史上的"大爆炸"时刻。Sander（1976）记录了 1976 年庞德大会、法院诉讼过程中的问题以及 ADR 作为替代的建议，对推动 ADR 的发展具有里程碑影

---

[1] Noll, T. G., & Zigler, E. (Eds.). (2007). Handbook of psychologyof conflict resolution. Springer Science & Business Media.

[2] Alexander, N. (2008). Transformative mediation: a sourcebook: resources for conflict intervention practitioners and programs. Institute for the Study of Conflict Transformation.

[3] LeBaron, M. (2006). Bridging cultural conflicts: a new approach for a changing world. Jossey-Bass.

[4] Menkel-Meadow, C., Love, L. P., Schneider, A. K. (2006). Discursive framing in negotiation and mediation: why a facilitative approach may be inappropriate in a culturally complex world. Ohio State Journal on Dispute Resolution, 21 (2), 457-510.

响。Golann（1994）提供了法院诉累、诉讼和 ADR 之间关系的实证研究。Meadow（2000）探讨了 ADR 对民事司法的影响以及 ADR 在法院中的角色。Laura（2002）则关注 ADR 在民事司法系统中的研究。Hensler（2005）研究了 ADR 与诉讼之间的关系以及 ADR 在法院系统中的应用和挑战。Kennedy（2015）则从律师角度探讨了 ADR 的应用和效果。David 和 Ronald（1999）的实证研究具有总结性：ADR 使用受访者中，87%的人在过去三年中至少使用过一次调解，80%的人至少使用过一次仲裁，超过 20%的人表示在过去三年中使用过调解仲裁（med-arb）。

(五) 研究述评

涉外法治在习近平法治思想中占据重要地位并因此引起高度关注和重视，成为以国际法学者为代表的众多法学家和法学学者的研究热点。这一研究趋向具有重要的战略研究价值，对于中国特色涉外法治建设具有极其重要的标志性意义。关于习近平法治思想和涉外法治的研究，其特点在于国内法与国际法、中国国家利益与国际社会利益、中国反对外来干涉和制裁的法治化与中国主动引领国际治理的法治化的高度融合和统一。本书正是在此背景下展开，涉外法治的理念、内涵和体系诠释应当具有中国特色话语权并体现中国的大国地位和大国责任，应当能够为中国的"一带一路"倡议、粤港澳大湾区战略等涉外国家战略服务，应当尽快补齐涉外立法短板并加大力度进行以涉外立法为牵引的动态法治体系建设。这是本研究的重要使命。

沿着以上学者研究的明确观点、清晰方向，以习近平法治思想为指针，本书旨在以涉外法治体系建设中的商事争端解决机制为突破点，以深挖中国涉外法治建设内功为诉求，以建立中国特色的涉外商事争议解决机制为使命，探求中国涉外商事调解的问题和应对策略。

四、创新点

（一）推进涉外商事调解法治体系建设

涉外商事调解立法依赖于我国商事调解的立法工作。目前我国需要在立法理念上进行大胆突破，在立法实践中进行专门或专章商事调解立法，而不能对《人民调解法》进行简单修补。应充分贯彻习近平法治思想，坚持统筹推进国内法治与涉外法治，重视并加快中国特色涉外商事调解制度建设，将调解立法或者商事调解立法作为涉外法治建设的重点，积极落地《新加坡调解公约》，积极构建中国特色调解制度和商事调解机制。

（二）推进商事调解标准建设

我国商事调解立法工作的积极推动与最终完成都需要时间，但是商事调解工作却不能等待。在中央立法和地方立法形成之前，推进商事调解标准建设成为重要推动力量。在商事调解标准方面，结合中国贸促会/中国国际商会在国际商事调解中的丰富经验，构建中国特色的国际商事调解标准，确立商事调解调解员资质和商事调解程序标准。进入 21 世纪以来，绝大多数研究成果几乎都围绕着"形而上"的问题做文章，大部分研究几乎都在关注调解的优势及其对构建和谐社会的重要意义，对中华法律文化的弘扬等宏大问题，调解发展的"形而下"的具体问题被漠视。① 因此，商事调解标准的建设与讨论虽然属于"形而下"的小问题，但是对于商事调解机制和制度的建设也具有些微益处。

(三) 构建粤港澳大湾区联合调解规则

我国涉外商事调解机制的落地离不开涉外调解规则的构建。目前，粤港澳大湾区是践行我国涉外商事调解规则的最佳地域。这个区域涉及大陆法系、英美法系和社会主义法系等世界主要法系和法律制度，成为世界主要法律文明的缩影。因而可以说，粤港澳大湾区是我国涉外商事调解规则建设的最佳实践场。配合粤港澳大湾区战略，以调解统一规则的制定与完善为目标，以联合调解和涉外商事调解为中心，可以尝试构建"一国两制三法系四法域"的法律文化视阈下的联合调解规则。

---

① 娜嘉·亚历山大. 全球调解趋势 [M]. 王福华，等译. 北京：中国法制出版社，2011：译者序.

第一章

中国涉外法治战略背景及其对我国商事调解的赋能

一、我国涉外法治战略的形成：统筹推进国内法治与涉外法治

（一）涉外法治战略在中央层面的提出

伴随着中国特色社会主义法律体系的形成，[①] 以及建设中国特色社会主义法治体系和建设社会主义法治国家全面推进依法治

[①] 从党的十五大提出到 2010 年，形成中国特色社会主义法律体系的立法工作目标如期完成。2011 年 3 月 14 日，第十一届全国人民代表大会第四次会议批准的全国人大常委会工作报告宣布：以宪法为统帅，以宪法相关法、民法商法等多个法律部门的法律为主干，由法律、行政法规、地方性法规等多个层次的法律规范构成的中国特色社会主义法律体系已经形成。

国总目标①的提出，中国涉外法治建设和涉外法治战略的提出便成为我国现代化法治建设的应有之义。

涉外法治战略伴随着我国改革开放的发展而形成和发展。自改革开放以来，特别是党的十八大以来，中国一直致力于加强涉外领域立法工作，补齐中国立法中长期存在的诸多短板。② 我国自改革开放伊始，就制定了关于外商投资的《中外合资经营企业法》等法律法规，其产生年代远早于《民法通则》。本书在分析我国涉外法治战略形成时，充分考虑到我国有关涉外立法状况，更多侧重于中央层面有关会议已经形成的官方文件文本。从党的十八届四中全会通过的《中共中央关于全面推进依法治国若干重大问题的决定》中提出"涉外法律"表述，到 2020 年中央全面依法治国工作会议中"十一个坚持"的提出，涉外法治战略不断孕育和成形。2014 年至今，涉外法治战略发展可以分为三个阶段：①孕育阶段："涉外法律"阶段，包含涉外法律工作，涉外法律服务和涉外法律法规等；②过渡阶段："涉外法治"阶段，在涉外法律基础上，更加强调涉外法治的体系性建设；③确立及完善阶段：习近平法治思想与涉外法治战略提出，统筹推进国内法治和涉外法治。

1. 孕育阶段："涉外法律"阶段（2014—2018 年）

"涉外法律"建设伴随着全面推进依法治国而受到重视，具

---

① 参见 2014 年 10 月通过的《中共中央关于全面推进依法治国若干重大问题的决定》。
② 黄进，鲁洋. 习近平法治思想的国际法治意涵 [J]. 政法论坛，2021，39 (03)：3.

第一章 中国涉外法治战略背景及其对我国商事调解的赋能

有重要的战略布局价值。2014年提出"涉外法律服务"和"涉外法律工作",要求参与国际规则制定,体现中国法治声音和话语权。2014年10月23日,党的十八届四中全会通过《中共中央关于全面推进依法治国若干重大问题的决定》,该决定不止一次提到"涉外法律"。在"建设完备的法律服务体系"中提出:发展律师、公证等法律服务业,统筹城乡、区域法律服务资源,发展涉外法律服务业。在"加强涉外法律工作"部分提出:适应对外开放不断深化,完善涉外法律法规体系,促进构建开放型经济新体制。积极参与国际规则制定,推动依法处理涉外经济、社会事务,增强我国在国际法律事务中的话语权和影响力,运用法律手段维护我国主权、安全、发展利益。强化涉外法律服务,维护我国公民、法人在海外及外国公民、法人在我国的正当权益,依法维护海外侨胞的权益。[①] 2014年12月5日,习近平总书记在中共十八届中央政治局第十九次集体学习时指出:"加快实施自由贸易区战略,是我国积极参与国际经贸规则制定、争取全球经济治理制度性权力的重要平台,我们不能当旁观者、跟随者,而是要做参与者、引领者,善于通过自由贸易区建设增强我国国际竞争力,在国际规则制定中发出更多中国声音、注入更多中国元素,维护和拓展我国发展利益。"[②]

2018年8月24日,习近平总书记在中央全面依法治国委员

---

① 中国共产党第十八届中央委员会.中共中央关于全面推进依法治国若干重大问题的决定 [EB/OL].(2014-10-28)[2024-03-05]. https://www.gov.cn/zhengce/2014-10/28/content_2771946.htm.

② 习近平.加快实施自由贸易区战略,构建开放型经济新体制[M]//习近平.习近平谈治国理政:2卷.北京:外文出版社,2017:100.

会第一次会议上强调:"中国走向世界,以负责任大国参与国际事务,必须善于运用法治。在对外斗争中,我们要拿起法律武器,占领法治制高点,敢于向破坏者、搅局者说不。全球治理体系正处于调整变革的关键时期,我们要积极参与国际规则制定,做全球治理变革进程的参与者、推动者、引领者。"

2. 过渡阶段:"涉外法治"阶段(2019—2020年)

"涉外法治"承载"涉外法制",并为"坚持统筹推进国内法治和涉外法治"的提出继续铺垫。2019年,我国提出"涉外法治建设",这是在中央层面首次正式提出"涉外法治"的概念。2019年2月25日,中央全面依法治国委员会第二次会议指出,要加快推进我国法域外适用的法律体系建设,加强涉外法治专业人才培养,积极发展涉外法律服务,强化企业合规意识,保障和服务高水平对外开放。习近平总书记在会上强调:"加强涉外法治建设,为推进改革发展稳定工作营造良好法治环境。"

2019年10月31日,中国共产党第十九届中央委员会第四次全体会议通过了《中共中央关于坚持和完善中国特色社会主义制度、推进国家治理体系和治理能力现代化若干重大问题的决定》。决定指出,要"加强涉外法治工作,建立涉外工作法务制度,加强国际法研究和运用,提高涉外工作法治化水平"。

2020年2月5日,在中央全面依法治国委员会第三次会议上,习近平总书记进一步指出:"要加强国际法治领域合作,加快我国法域外适用的法律体系建设,加强国际法研究和运用,提高涉外工作法治化水平。"

3. 确立及完善阶段:习近平法治思想与涉外法治战略提出

（2020年至今）

习近平法治思想中，"十一个坚持"和"坚持统筹推进国内法治和涉外法治"的提出，意味着我国涉外法治战略的明确提出。2020年11月16日，习近平总书记在中央全面依法治国工作会议上强调指出："要坚持统筹推进国内法治和涉外法治。要加快涉外法治工作战略布局，协调推进国内治理和国际治理，更好维护国家主权、安全、发展利益。要强化法治思维，运用法治方式，有效应对挑战、防范风险，综合利用立法、执法、司法等手段展开斗争，坚决维护国家主权、尊严和核心利益。要推动全球治理变革，推动构建人类命运共同体。"在这次会议上，习近平法治思想被确定为全面依法治国的指导思想。习近平总书记对推进全面依法治国要重点抓好的工作提出了十一个方面的要求，这就是"十一个坚持"。"十一个坚持"是习近平法治思想的核心要义之一，其中"坚持统筹推进国内法治和涉外法治"的提出意味着中国涉外法治战略的提出。

2021年1月，中共中央印发《法治中国建设规划（2020—2025）》。该规划明确规定：运用法治思维和法治方式处理好国际经济、政治、社会事务，完善涉外法律和规则体系，补齐短板，提高涉外工作法治化水平。

2021年12月，习近平总书记在主持十九届中央政治局第三十五次集体学习时强调，要坚持统筹推进国内法治和涉外法治，按照急用先行原则，加强涉外领域立法，进一步完善反制裁、反干涉、反制"长臂管辖"法律法规，推动我国法域外适用的法律体系建设。

2022年10月16日,中国共产党第二十次全国代表大会报告中,"完善以宪法为核心的中国特色社会主义法律体系"部分再次重申:"加强重点领域、新兴领域、涉外领域立法,统筹推进国内法治和涉外法治。"在"推进国家安全体系和能力现代化,坚决维护国家安全和社会稳定"部分,强调"健全反制裁、反干涉、反'长臂管辖'机制","加强海外安全保障能力建设,维护我国公民、法人在海外合法权益,维护海洋权益,坚定捍卫国家主权、安全、发展利益"[1]。

2023年11月27日,第二十届中央政治局就加强涉外法治建设进行第十次集体学习。习近平总书记主持学习并发表重要讲话:"加强涉外法治建设既是以中国式现代化全面推进强国建设、民族复兴伟业的长远所需,也是推进高水平对外开放、应对外部风险挑战的当务之急。要从更好统筹国内国际两个大局、更好统筹发展和安全的高度,深刻认识做好涉外法治工作的重要性和紧迫性,建设同高质量发展、高水平开放要求相适应的涉外法治体系和能力,为中国式现代化行稳致远营造有利法治条件和外部环境。"[2]

伴随着我国改革开放的深入、"一带一路"倡议的推行以及全球治理体系改革和建设的积极参与,中国特色、融通中外的涉外法治理论体系和实践建设一定会更加丰富、饱满。

---

[1] 习近平. 高举中国特色社会主义伟大旗帜 为全面建设社会主义现代化国家而团结奋斗[N]. 人民日报, 2022-10-26(001).
[2] 中华人民共和国司法部. 习近平在中共中央政治局第十次集体学习时强调 加强涉外法制建设 营造有利法治条件和外部环境[EB/OL]. (2023-11-28)[2024-03-05]. https://www.moj.gov.cn/pub/sfbgwapp/jryw/202311/t20231128_490468.html.

（二）我国有关涉外法治的立法与司法

2023年数据显示，现行有效的299部法律中，专门涉外法律53部，含涉外条款的法律150余部，涉外立法工作取得新进展、新成效。[①]

1. 国际私法领域：基于《涉外民事关系法律适用法》

2010年10月28日，《中华人民共和国涉外民事关系法律适用法》（简称《涉外民事关系法律适用法》）由第十一届全国人民代表大会常务委员会第十七次会议通过，自2011年4月1日起施行。该法旨在明确涉外婚姻家庭、继承、物权、债权、知识产权等民事关系的法律适用，解决涉外民事争议，维护当事人的合法权益。2012年12月10日，《最高人民法院关于适用〈中华人民共和国涉外民事关系法律适用法〉若干问题的解释（一）》（法释〔2012〕24号）由最高人民法院审判委员会第1563次会议通过，自2013年1月7日起施行。在《涉外民事关系法律适用法》之前，我国《民法通则》第8章、1992年《海商法》第14章"涉外关系的法律适用"、《民用航空法》第14章等法律的有关章节一直承担着涉外民商事关系法律适用功能。

2023年12月1日，《最高人民法院关于适用〈中华人民共和国涉外民事关系法律适用法〉若干问题的解释（二）》（以下简称《解释（二）》）于2023年8月30日经最高人民法院审判委

[①] 张维炜. 加强涉外立法 不断夯实高水平开放法治根基 [J]. 中国人大，2023，(24)：13-15；全国人大常委会法工委负责人就对外关系法答记者问 [N]. 人民日报，2023-06-30 (006).

员会第1898次会议审议通过,自2024年1月1日起施行。《解释(二)》是人民法院全面贯彻落实党的二十大精神,落实统筹推进国内法治和涉外法治要求的重要举措,为进一步完善外国法律查明制度,规范外国法律查明司法实践提供了具体依据,有助于提升涉外民商事审判质效,服务高水平对外开放,保障高质量共建"一带一路",营造市场化、法治化、国际化一流营商环境,提升我国司法的国际公信力和影响力。[①]

2023年12月5日,最高人民法院审判委员会第1908次会议通过《最高人民法院关于审理涉外民商事案件适用国际条约和国际惯例若干问题的解释》,自2024年1月1日起施行。该解释的制定是加快涉外法治建设、服务保障高水平对外开放的重大举措。[②]

2. 国际经济法领域:以《外商投资法》和《对外贸易法》为主

我国涉外经贸法律主要由两部法律组成:《中华人民共和国外商投资法》(简称《外商投资法》)和《中华人民共和国对外贸易法》(简称《对外贸易法》)。其中,《外商投资法》是由如下三部法律及行政法规演化而来:《中外合资经营企业法》和《中外合资经营企业法实施条例》,《中外合作经营企业法》和《中

---

① 最高人民法院新闻局. 最高人民法院发布涉外民事关系法律适用法司法解释(二) [EB/OL]. (2023-12-01) [2024-02-25]. https://www.court.gov.cn/zixun/xiangqing/419042.html.

② 最高人民法院新闻局. 最高人民法院关于审理涉外民商事案件适用国际条约和国际惯例若干问题的解释 [EB/OL]. (2023-11-28) [2024-03-05]. https://cicc.court.gov.cn/html/1/218/62/84/2430.html.

外合作经营企业法实施细则》，《外资企业法》和《外资企业法实施细则》。《对外贸易法》也历经两次修订。这两部法律的不断修订和演化，既是我国加入国际组织遵循国际条约的结果，也是我国涉外经贸法治建设不断进化的结晶。

《外商投资法》伴随着我国改革开放的步伐而诞生和完善，是我国涉外法律制度的支柱性立法。2019年3月15日，《外商投资法》由第十三届全国人民代表大会第二次会议通过，自2020年1月1日起施行。《外商投资法》旨在进一步扩大对外开放，积极促进外商投资，保护外商投资合法权益，规范外商投资管理，推动形成全面开放新格局。为了配合《外商投资法》的实施，2019年12月12日，国务院第74次常务会议通过《外商投资法实施条例》，自2020年1月1日起施行。2019年12月16日，最高人民法院审判委员会第1787次会议通过《最高人民法院关于适用〈中华人民共和国外商投资法〉若干问题的解释》（法释〔2019〕20号），自2020年1月1日起施行。

对外贸易立法是与外商投资立法并驾齐驱的支柱性立法。1994年5月12日，第八届全国人民代表大会常务委员会第七次会议通过《对外贸易法》；2004年4月6日，第十届全国人民代表大会常务委员会第八次会议修订；2016年11月7日，第十二届全国人民代表大会常务委员会第二十四次会议进行修正。《对外贸易法》适用于对外贸易以及与对外贸易有关的知识产权保护，旨在扩大对外开放，发展对外货物进出口、技术进出口和国际服务贸易，维护对外贸易秩序，保护对外贸易经营者的合法权益。

与《对外贸易法》密切相关的是《中华人民共和国海关法》（简称《海关法》）和《中华人民共和国关税法》（简称《关税法》）。1987年1月22日，第六届全国人民代表大会常务委员会第十九次会议通过《海关法》，此后历经2000年7月8日、2013年6月29日、2013年12月28日、2016年11月7日、2017年11月4日、2021年4月29日等六次修正。《海关法》旨在加强进出境运输工具、货物、物品海关监督管理，促进对外经济贸易和科技文化交往。1985年，国务院发布《进出口关税条例》和《海关进出口税则》。2003年，根据加入WTO后的需求，国务院重新制定了《进出口关税条例》，此后进行了4次修订。2023年10月20日，《关税法》草案提请全国人大常委会审议。2024年4月26日，十四届全国人大常委会第九次会议通过了《关税法》，自2024年12月1日起施行。修订后的《关税法》对接了国际高标准经贸规则，对于发展对外贸易、扩大制度型开放、推动高质量发展具有重要意义。[①]

　　在数字经济时代，《反垄断法》对于数字经济和平台企业具有重要作用。2007年8月30日，《反垄断法》由第十届全国人民代表大会常务委员会第二十九次会议通过，自2008年8月1日起施行。《反垄断法》不仅适用于境内经济活动中的垄断行为，而且适用于境外的垄断行为对境内市场竞争产生排除、限制影响的情形。2022年6月24日，第十三届全国人民代表大会常务委员会第三十五次会议对《反垄断法》作出修正。

---

① 中国人大网，http://www.npc.gov.cn/npc1c2/c30834/202404/t20240426_436848.html。

在法律和行政法规之下，国家有关部委在涉外经贸方面的规章和规范性文件与上位法相配合，显示出更加务实和灵活的作用。商务部的部门规章《阻断外国法律与措施不当域外适用办法》和《不可靠实体清单规定》就是典型例证。2021年1月9日，商务部《阻断外国法律与措施不当域外适用办法》公布，自公布之日起施行。该办法旨在阻断外国法律与措施不当域外适用对中国的影响，聚焦次级制裁，即不当禁止或者限制中国公民、法人或者其他组织与第三国（地区）及其公民、法人或者其他组织进行正常的经贸及相关活动的情形。2020年9月19日，商务部《不可靠实体清单规定》（商务部令2020年第4号）经国务院批准并公布施行。根据此规定，国家建立不可靠实体清单制度，对外国实体在国际经贸及相关活动中的有关行为[1]采取相应的措施。2023年2月16日，商务部发出《不可靠实体清单工作机制公告》（2023年第1号），根据《对外贸易法》《国家安全法》《不可靠实体清单规定》，将参与对台湾地区军售的洛克希德·马丁公司（Lockheed Martin Corporation）、雷神导弹与防务公司（Raytheon Missiles & Defense）列入不可靠实体清单。[2]

3. 国际公法领域：聚焦国家主权、安全、利益以及国际关系

在国际公法领域，我国已经构建了以《国家安全法》为核

---

[1] 根据《不可靠实体清单规定》第2条，这些行为主要包括两类：（1）危害中国国家主权、安全、发展利益；（2）违反正常的市场交易原则，中断与中国企业、其他组织或者个人的正常交易，或者对中国企业、其他组织或者个人采取歧视性措施，严重损害中国企业、其他组织或者个人合法权益。

[2] 中华人民共和国商务部安全与管制局. 不可靠实体清单工作机制公告［2023］1号［A/OL］.（2023-02-16）［2024-03-05］.http://www.mofcom.gov.cn/article/zwgk/gkzcfb/202302/20230203391289.shtml.

心，以《反间谍法》《反外国制裁法》《对外关系法》《外国国家豁免法》等为支撑的国家安全与国际关系法律制度体系。

《国家安全法》于 1993 年 2 月 22 日第七届全国人民代表大会常务委员会第三十次会议通过，根据 2009 年 8 月 27 日第十一届全国人民代表大会常务委员会第十次会议《关于修改部分法律的决定》修正。在 2014 年《反间谍法》的影响下，[①] 新的《国家安全法》于 2015 年诞生。2015 年 7 月 1 日，《国家安全法》由第十二届全国人民代表大会常务委员会第十五次会议通过并公布，自公布之日起施行。2014 年 11 月制定的《反间谍法》是防范、制止和惩治间谍行为以及维护国家安全的第一部法律。2023 年 4 月 26 日，十四届全国人大常委会第二次会议表决通过了新修订的《反间谍法》，旨在加强反间谍工作，防范、制止和惩治间谍行为，维护国家安全，保护人民利益。2021 年 6 月 10 日，第十三届全国人民代表大会常务委员会第二十九次会议通过并公布《反外国制裁法》，自公布之日起施行。该法旨在维护国家主权、安全、发展利益，保护我国公民、组织的合法权益。

很少有国家针对对外关系制定单行性、基础性、综合性法律，即使对外关系法的理论与实践最为丰富的美国也是如此。《对外关系法》是中国第一部针对对外关系制定的单行性、基础性、综合性法律，对于维护中国的国家主权、安全和发展利益具有重大而深远的历史和现实意义，对于统筹推进国内法治和涉外

[①] 《中华人民共和国反间谍法（草案）》将"国家安全法"的名称修改为"反间谍法"，保留了现行国家安全法中涉及反间谍工作的内容，将条文中关于国家安全机关履行"国家安全工作"职责的表述修改为"反间谍工作"。参见关于修订《中华人民共和国家安全法》的说明。

法治、推动中国涉外法治迈向更高水平必将发挥巨大作用。①
2023年6月28日，全国人大常委会第三次会议通过并公布了
《对外关系法》，自2023年7月1日起施行。该法的立法宗旨是
发展对外关系，维护国家主权、安全、发展利益，维护和发展人
民利益，建设社会主义现代化强国，实现中华民族伟大复兴，促
进世界和平与发展，推动构建人类命运共同体。该法第29条明
确规定：国家统筹推进国内法治和涉外法治，加强涉外领域立
法，加强涉外法治体系建设。

尽管《外国国家豁免法》属于《民事诉讼法》等相关法律
的特别法，② 但根据其宗旨，本书仍然将此法列入国际公法的范
畴。《外国国家豁免法》的立法宗旨在于健全外国国家豁免制度，
明确中国法院对涉及外国国家及其财产民事案件的管辖，保护当
事人的合法权益，维护国家主权平等。2023年9月1日，十四届
全国人大常委会表决通过了《外国国家豁免法》，授权我国人民
法院在特定情形下管辖以外国国家为被告的民事案件，填补了涉
外领域相关立法空白。

4. 涉外争议解决法：涉外诉讼和仲裁

我国目前的争议解决法相对薄弱。2023年《民事诉讼法》
修订的重点在于完善涉外民事诉讼管辖的相关规定，贯彻落实关
于统筹推进国内法治和涉外法治以及加强涉外法治建设的战略。

---

① 黄进.论《对外关系法》在中国涉外法治体系中的地位 [J].国际法研究，2023，(04)：3-4.
② 何志鹏.《外国国家豁免法》的司法功能与话语功能 [J].当代法学，2023，37 (06)：26-40.

2017年修正的《仲裁法》第7章专门规定了涉外仲裁,适用于涉外经济贸易、运输和海事中发生的纠纷的仲裁。2010年的《人民调解法》旨在完善人民调解制度,并无涉外调解规定。

2018年6月25日,《最高人民法院关于设立国际商事法庭若干问题的规定》(法释〔2018〕11号)由最高人民法院审判委员会第1743次会议通过并公布,自2018年7月1日起施行。2023年12月5日,最高人民法院审判委员会第1908次会议通过《最高人民法院关于修改〈最高人民法院关于设立国际商事法庭若干问题的规定〉的决定》,自2024年1月1日起施行。该司法解释旨在依法公正及时审理国际商事案件,平等保护中外当事人合法权益,营造稳定、公平、透明、便捷的法治化国际营商环境,服务和保障"一带一路"建设。该司法解释第11条规定了我国"一站式"国际商事纠纷解决机制:由最高人民法院组建国际商事专家委员会,并选定符合条件的国际商事调解机构、国际商事仲裁机构与国际商事法庭共同构建调解、仲裁、诉讼有机衔接的纠纷解决平台,形成"一站式"国际商事纠纷解决机制。国际商事法庭支持当事人通过调解、仲裁、诉讼有机衔接的纠纷解决平台,选择其认为适宜的方式解决国际商事纠纷。

除了上述已经制定公布的法律、法规、部门规章、司法解释和规范性法律文件外,根据《十四届全国人大常委会立法规划》,《反跨境腐败法》、《对外贸易法》(修改)、《海商法》(修改)、《海关法》(修改)、《进出境动植物检疫法》(修改)等涉外领域法律被列入第一类项目;《海事诉讼特别程序法》(修改)、《出境入境管理法》(修改)等法律被列入第二类项目。我国涉外法律制度的建设已经进入快车道。

综上所述，我国主要涉外法律法规显示，我国涉外法治体系建设的领域涉及国际公法、国际私法和国际经济法等国际法律领域，以国际经济法为主的法律制度建设成为我国涉外法治建设的主流，融合国际公法的涉外法治建设成为重要支撑，全方位立体涉外法治建设的框架更加科学完整。另外，值得关注和重视的是，以经贸规则为载体、旨在确保国家安全和利益的法律法规规章甚至是规范性文件正在形成体系化。商务部《阻断外国法律与措施不当域外适用办法》和《不可靠实体清单规定》即为明证。制定《阻断外国法律与措施不当域外适用办法》的法律依据就是《国家安全法》，制定《不可靠实体清单规定》的法律依据是《对外贸易法》和《国家安全法》。这种融合性线性体系建设还需要加大力度，争取早日形成具有深度和广度的涉外法治网络。当然，也必须看到，涉外争议解决法律制度目前还处于建设的薄弱区。因此，涉外商事调解建设在我国涉外法治建设中的紧迫性不言而喻。

二、我国涉外法治建设的重要战略意义

（一）涉外法治建设是应对美国等国经济制裁的重要武器和法治途径

中美两个大国之间的对抗和博弈将长期存在。近些年美国对华政策呈现出日趋严格的趋势。特朗普时期启动的追加关税措施

由拜登政府继续推进，除了在尖端半导体等安全保障上重要的领域加强出口管理外，美国仍然关注新的对外投资限制。此外，为了构筑尖端技术和重要矿物等不依赖于中国的供应链，要求制造业回归，鼓励对美国国内产业进行投资，以及与包括日本在内的同盟国友好国家构筑经济圈的行动变得活跃起来。①

围绕"长臂管辖"和扩大域外管辖权的立法在美国不断呈现。从 20 世纪制定的《反海外腐败法》到 21 世纪初的《爱国者法案》，通过不断立改废释等一系列立法执法司法动作，美国超越国际规则的涉外法治动作不断。美国已经构建了体系比较完整的涉外制裁法治体系，并且对我国和俄罗斯等国家长时间进行反复运用。美国作为超级大国，其涉外法治体系中有关经济制裁的法律体系是由授权制裁法案、专门制裁法案、辅助制裁法案、总统命令以及行政法规等构成的一个层层递进的立法、执法、司法的互动机制。在这个体系中，司法上的"长臂管辖"制度是典型的霸权主义的组成部分。②

针对有的西方国家打着"法治"幌子的霸权行径，建立阻断机制，以法律的形式明确我国不接受任何国家的"长臂管辖"。我国积极倡导和构建以国际法为基础的国际秩序和涉外法治体系，一方面建立阻断法治体系，另一方面更积极构建反制裁国际法规则。加快推进我国法域外适用的法律体系建设，为我国涉外

---

① JETRO. 米中対立の新常態-デリスキングとサプライチェーンの再構築 | 特集-地域・分析レポート-海外ビジネス情報-ジェトロ［EB/OL］. (2023-09-04)［2024-03-05］. https://www.jetro.go.jp/biz/areareports/special/2023/0904.html.

② 张龑. 涉外法治的概念与体系［J］. 中国法学，2022（02）：264-282.

执法、司法活动提供法律依据。[1] 单边制裁和单纯经济制裁的效果在下降。实证分析表明，自1970年以来，美国的单边制裁只在13%的实施案例中实现了外交政策目标。经济制裁作为外交政策工具的效用正在下降，尤其是在单边制裁的情况下。1970年之前，美国单独或与其他国家一起参与的制裁，至少有50%以上的时间取得了部分成功。然而，1970年至1990年间，美国的制裁只有21%取得成功。[2] 正如世贸组织下交叉报复是不得已的双刃剑一样，任何一项应对经济制裁和其他制裁的措施都需要付出代价。对俄罗斯全球制裁的实践和理论以及新情形值得认真研究。根据全球制裁跟踪平台（Castellum.Ai）的数据，俄乌冲突前全球对俄采取的经济制裁措施为2695项；俄乌冲突后至2024年2月14日，全球对俄新增16587项制裁措施。制裁措施数量差别高达6倍之多，几乎用尽了所有的经济制裁及其他制裁措施。[3]

（二）涉外法治建设是推进中国"一带一路"和涉外营商环境建设高质量发展的重要保障

"一带一路"对我国涉外法治建设提出了迫切需求，需要进行边实践边立法、再立法再实践、更好立法更好实践的互动。"一带一路"10年建设成果可圈可点。"一带一路"倡议已被写

---

[1] 中央宣传部、中央依法治国办组织. 习近平法治思想学习纲要 [M]. 北京：人民出版社，学习出版社，2021.
[2] 俎文天. 美西方经济制裁效力困境下的中国涉外法治回应 [J]. 财经法学，2024，（01）：175-192.
[3] The Castellum.AI dashboard provides consolidated Russia sanctions data. [EB/OL]. [2024-03-05]. https://www.castellum.ai/russia-sanctions-dashboard.

入联合国大会决议，截至 2020 年 12 月，已经有 138 个国家和 31 个国际组织与我国签署相关合作文件。① 国际商事法庭和专家委员会自 2018 年建立后，为共建"一带一路"发挥了"解压阀"和"稳定器"作用。② 中国-东盟合作由来已久，也是"一带一路"建设的重点。2009 年以来，中国连续 12 年保持东盟第一大贸易伙伴地位，2020 年，东盟跃升为中国第一大贸易伙伴，形成中国同东盟互为第一大贸易伙伴的良好格局。截至 2021 年 6 月底，双向投资额累计超过 3100 亿美元。东盟是中国第三大外资来源地，也是中国对外投资增长最快的地区之一。2020 年，中国是东盟第四大外资来源国。③ 2021 年 4 月 15 日，中国向东盟秘书长正式交存《区域全面经济伙伴关系协定》（RCEP）核准书，标志着中国正式完成 RCEP 核准程序。2022 年 1 月 1 日，RCEP 正式生效。RCEP 的生效实施，标志着全球人口最多、经贸规模最大、最具发展潜力的自由贸易区正式落地。RCEP 签署及生效后，绝大多数省区市将"抓住 RCEP 实施带来的新机遇"列入本地两会《政府工作报告》。数据显示，2023 年，我国对 RCEP 其他 14 个成员国合计进出口 12.6 万亿元，较协定生效前的 2021 年

---

① 罗照辉. 法治合作护航"一带一路"：在最高人民法院国际商事专家委员会第二届研讨会暨国际商事专家委员新聘仪式上的致辞［EB/OL］.（2022-01-13）［2024-03-05］. https://www.mfa.gov.cn/web/ziliao_674904/zt_674979/dnzt_674981/qtzt/ydyl_675049/wjbxw_675053/202201/t20220113_10491596.shtml.

② 罗照辉. 法治合作护航"一带一路"：在最高人民法院国际商事专家委员会第二届研讨会暨国际商事专家委员新聘仪式上的致辞［EB/OL］.（2022-01-13）［2024-03-05］. https://www.mfa.gov.cn/web/ziliao_674904/zt_674979/dnzt_674981/qtzt/ydyl_675049/wjbxw_675053/202201/t20220113_10491596.shtml.

③ 中华人民共和国外交部. 中国-东盟合作事实与数据：1991—2021［EB/OL］.（2021-12-31）［2024-03-05］. https://www.mfa.gov.cn/web/wjbxw_673019/202201/t20220105_10479078.shtml.

增长 5.3%，呈现"进""出"两旺的发展势头。随着政策红利持续释放，RCEP 作为我国加快培育外贸新动能"增量器"的重要作用将会进一步凸显，为出口企业带来更多实惠和市场机会。①

国际投资与国际贸易的全球竞争已经进入白热化状态，各国都不断修改公司法、外商投资法等法律来优化营商环境。贸易和投资自由化便利化水平的提升，需要稳步扩大制度型开放和更高水平开放型经济新体制建设。新加坡和日本已经加入《新加坡调解公约》并成为公约成员国，优化区域和全球经商环境的企图和优势非常明显。面临全球范围内国际经贸与营商环境的双重竞争，中国涉外法治的优势在哪儿？能否适应国际经贸高质量发展的需要？我国涉外争议解决还处于法制建设阶段，远未到完善的成熟法治阶段。因此，为了高度契合国际社会经贸往来需要，为了高度契合国际争议解决现状和趋势，涉外商事调解的法治理论更需要高质量建设。

（三）涉外法治建设是构建中国法治现代化和中国特色法治体系的重要支撑

中国法治现代化需融中华优秀传统法律文化和现代法律文明于一体，集国内法治建设与涉外法治建设于一体。我国改革开放已经 40 多年，加入世界贸易组织也已经 20 多年，我国提出"一带一路"倡议已历 10 年，我国涉外法治战略的提出具有重大实践基础的历久性和理论突破的紧迫性，是中国法治现代化的应有

---

① 抓住契机培育外贸新动能 [N/OL]. 经济日报，2024-02-08 [2024-03-05]. http://fta.mofcom.gov.cn/article/rcep/rcepgfgd/202402/55147_1.html.

之义。中华法系源远流长，中华优秀传统法律文化蕴含丰富的法治思想和深邃的政治智慧，是中华文化的瑰宝。要积极推动中华优秀传统法律文化创造性转化、创新性发展，赋予中华法治文明新的时代内涵，激发蓬勃生机。加强涉外法治建设既是以中国式现代化全面推进强国建设、民族复兴伟业的长远所需，也是推进高水平对外开放、应对外部风险挑战的当务之急。[1]

中国特色涉外法治体系应当建立在中华法系和中国法治现代化基础上，深刻挖掘传统法律文化基因，精准把握中国法治现代化建设的内生需求、外在压力和路径设计，梳理我国涉外法律制度建设的既有领域以及缺漏，加速设计我国涉外法治建设的新领域、新法律、新制度，做好补缺补漏工作，搭建好法治基础结实并且具有较强扩展性和关联性的框架结构。

涉外法治工作是一项涉及面广、联动性强的系统工程，必须统筹国内和国际，统筹发展和安全，坚持前瞻性思考、全局性谋划、战略性布局、整体性推进。[2] 我国涉外法治建设的结构化与体系化、普遍性与针对性、防御性与进攻性应进行全面构建与完善。鉴于我国目前涉外法治建设的现状，在结构化建设中，应当积极布局商事调解建设这块未完全开发的沃土，做好商事调解的独立性建设以及与诉讼仲裁的一体化建设。为提高涉外商事调解

---

[1] 中华人民共和国司法部．习近平在中共中央政治局第十次集体学习时强调 加强涉外法制建设 营造有利法治条件和外部环境［EB/OL］．（2023-11-28）［2024-03-05］．https://www.moj.gov.cn/pub/sfbgwapp/jryw/202311/t20231128_490468.html.

[2] 中华人民共和国司法部．习近平在中共中央政治局第十次集体学习时强调 加强涉外法制建设 营造有利法治条件和外部环境［EB/OL］．（2023-11-28）［2024-03-05］．https://www.moj.gov.cn/pub/sfbgwapp/jryw/202311/t20231128_490468.html.

的制度建设和法律服务竞争水平,既要覆盖商事调解的基础法律制度,又要针对美国、日本和新加坡等国突出中国自己的法律服务优势和特色,兼顾普遍性与特殊性、防御性和竞争性的制度设计。

三、我国涉外法治战略建设之于商事调解的赋能价值

(一)涉外法治战略建设有助于认清涉外商事调解建设的重要性和紧迫性

目前,我国涉外法治工作水平与我国的国际经济政治地位还不相匹配。我国在世界经济和全球治理中的分量迅速上升,是世界第二大经济体、最大货物出口国、第二大货物进口国、第二大对外直接投资国、最大外汇储备国、最大旅游市场,是影响世界政治经济版图变化的一个主要因素。但我国涉外法治工作还存在不少薄弱环节,一些法律法规比较原则笼统,我国法域外适用的法律体系还不够健全,涉外执法司法的水平还有待提高。[①]

具体而言,我国涉外商事调解建设容易在提法上重视在落实上忽视,在顶层设计上重视在脚踏实地上忽视。涉外法治建设要考虑法律条文的体系构建,不能只是简单将涉外内容规定为"涉外章"或"涉外节"。中国法学研究不能只重视热门法律规则研究而忽视涉外法治体系构建,不能只是深耕国内法文件而忽视国

---

① 中央宣传部、中央依法治国办组织. 习近平法治思想学习纲要 [M]. 北京:人民出版社,学习出版社,2021.

外法思潮。涉外人才建设已经成为严重瓶颈，高水平涉外律师人才紧缺，高水平商事调解员和涉外商事调解员更需要下大力气培育。老一代专家面临着数字技术的挑战，新一代法律人更需要理论功底和涉外实践的磨炼，涉外调解人才的培养任重道远而又迫在眼前。

从全球视角来看，美国在 ADR 以及调解的市场化和国际化方面已经遥遥领先，新加坡凭借《新加坡调解条约》运作的成功获得全球商事调解的青睐，日本融合东方文化和西方文明在 ADR 和调解方面双线发力，德国以刀刃向内的突破精神制定调解法律，这些国家在商事调解方面的法治建设对中国涉外调解法律服务形成巨大的竞争压力。中国作为世界上最大的发展中国家，不可能在涉外商事调解建设中亦步亦趋。

（二）涉外法治战略建设有助于指引涉外商事调解机制建设的方向

我国涉外法治战略建设为我国涉外商事调解机制建设提供了鲜明的国际化、一体化和现代化方向。

我国涉外商事调解机制的国际化方向需要瞄准国际前沿，这是涉外法治涉外性的必然要求。经济全球化要求积极吸收其他国家现代商事调解的先进成果，积极响应《新加坡调解公约》和国际组织的调解立法文件，深入融合大陆法系和英美法系不同的法律制度和法律文明；积极借鉴、学习和快速应对 USMCA、CPTPP 等区域性贸易投资协定的法律规则，高度关注区域性国际组织的国际法律规则和争议解决规则；积极探索我国粤港澳大湾区国际化商事调解模式，努力寻求国际调解组织和其他国家著名调解组织的合作。积极为国际贸易和国际投资争议解决提供服务，致力于在亚太区域和全球范围提升中国商事调解的话语权与魅力；坚定维护以国际法为基础的国际秩序，主动参与国际规则制定，推进国际关系法治化，推进商事调解国际化。

我国涉外商事调解建设应当秉承一体化建设方向，这是坚持统筹国内法治与涉外法治一体化的必然结果。我国涉外商事调解的出发点和立足点是国内调解建设，终点和目标是涉外调解建设。要坚持国内调解法治建设和涉外调解法治建设的一体化，不需要内外分治以及人为割裂商事调解建设。要坚持一体化思维，积极吸收WTO平等待遇原则，做好国民待遇法律制度建设，努力扩大一体化平等待遇的范围。

我国涉外商事调解机制建设应当坚持现代化方向，这是中国法治现代化的内在要求。无论是内源性现代化还是外源性现代化，涉外商事调解机制的现代化进程都呈现加速推进趋势。涉外商事调解机制的现代化要求秉承现代化法治思维、现代化国际经贸趋势和现代化技术运用。商事调解现代化并不意味着简单抛弃过去的调解传统和法律制度，但是，如何克服传统调解文化和法制的惰性和惯性，以及如何挖掘内在价值，则是需要认真研究的课题。涉外商事调解机制的现代化是构建我国高质量涉外商事调解的内在要求，要积极适应国际经贸发展的潮流。国际经济贸易的发展伴随着数字化、智能化和无纸化的趋势而不断进展，调整国际贸易和国际投资的法律规则也在发生变化。国际经济争议解决则当然要适应这种变化趋势，涉外商事调解员也只有积极跟踪这种国际经贸潮流，才能成功进行调解。

（三）涉外法治战略有助于完善我国涉外商事调解生态体系

涉外法治战略赋能商事调解的核心目标在于构建完善的争议解决生态体系。

涉外法治战略不仅赋能调解，而且有助于形成涉外民商事诉讼、仲裁和调解的一体化争议解决生态系统。涉外法治战略不仅赋能争议解决系统中诉讼、仲裁和调解等独立发展，又能在整个争议解决体系内形成整体性合作机制与制度。

涉外商事调解属于涉外争议解决系统，但是又有自己独立的子系统。涉外商事调解子系统包括调解员、争端当事人、调解机构、调解场所、调解时间、调解规则、调解理念、调解方式和调解文书等要素。在这个系统内，调解启动起源于争端当事人的申请以及当事人在经贸往来中产生的商事争议。系统启动需要争端当事人和调解机构共同合作，然后通过传导机制确定案件调解员，调解员按照调解机构的调解规则，与当事人确定调解方式，结合自己的调解技巧和调解理念召开调解会议，明晰有关事实、分歧点和争议焦点，最终促使当事人达成和解协议。有的虽然不能达成调解协议，但仍然可以进入仲裁子系统或者诉讼子系统，进一步寻求解决。这样，涉外商事调解子系统既可以独立运转，又可以接入其他系统，也可以通过争议解决子系统接入。

我国涉外商事调解的生态系统还没有完全确立，需要继续进行一系列法律制度建设，调解员的法律地位还需要明确，调解员的职业资格和资质条件也需要规范。哪些组织可以成为法律认可的调解机构？调解机构出具的调解文书是否具有法律效力？经调解后达成的和解协议是否仅为民事合同？调解规则依赖于调解机构，但同样依赖于调解法律的确认。商事调解不同于法院调解、人民调解和行政调解，是否需要单独构建商事调解的法律规则？商事调解与商事法庭和商事仲裁如何对接？涉外商事调解又如何在国内商事调解基础上进行特别建设？这些，都需要我国涉外法治战略的推动。

（四）涉外法治战略有助于构建和完善中国特色商事调解机制

中国特色商事调解机制的构建既需要自内而外的主动涉外法治建设，也需要自外而内的国际法律制度倒逼。无论是积极论证《新加坡调解公约》如何进行落地实践，还是加速既有调解法治建设以适应国际需求，都属于涉外商事调解建设和涉外法治建设的应有之义。

中国特色商事调解机制既需要完成现代化进程，又需要兼容中国传统调解文化。什么是中国特色商事调解机制？这个调解机制应当基于传统，应当挖掘和汲取传统调解文化精华，摒除传统调解惯性，认清、识别并清除调解制度中的惰性要素。要坚定法治自信，积极阐释中国特色涉外法治理念、主张和成功实践，讲好新时代中国法治故事。要加强涉外商事调解法治理论和实践前沿课题研究，构建有中国特色、融通中外的涉外商事调解理论体系和话语体系，打造具有国际影响力的涉外商事调解法律服务。

第二章
我国涉外商事调解机制的国内溯源与世界调解的发展

  调解具有与人类文明一样历史悠久的基因，在人类法律文明的习惯与制度建设中获得艮久肯定。商事调解的发展既植根于中国源远流长的调解文化，也与美国替代性争议解决机制（ADR）的丰富实践密切关联。国际范围内有关商事调解的公约、示范法和调解规则的成型与完善，则成为涉外商事调解的重要推动因素。因此，只有审视中国调解文化发展历史，研究各国调解法律文化与制度，解读国际条约和国际规则，才能理解商事调解所依赖的调解文化的艮久性、普遍性和友好性，为构建涉外商事调解制度和机制树立正确的历史观和文化观。

一、我国商事调解的孕育：中国历史悠久的调解传统及承袭

中国商事调解的历史及法理蕴含于调解历史中，其营养的汲取和基因的传承也都来自源远流长的调解本身。从专门调解人员的出现和专门调解机构的设立，到民间调解和官府调解的分野，调解法律制度逐步确立和完善，中华调解法律文化也趋于稳固并形成中华文化特色。但是，围绕商事争议而产生的商事调解却是在晚清时期才逐渐确立的。

从周至元，跨明越清，整个中国封建社会都是调解发展的重要历史时期。

（1）西周"调人""司万民之难而谐和之"。调解在西周和东周就有明确记载。周朝设有专门调解人员——"调人"，"掌排解调和万民之纠纷"。《周礼·地官》记载："调人，掌司万民之难而谐和之。"

（2）秦汉严密司法调解制度，"先调再诉"，讲求以"和"。秦朝时期，郡县制下的乡级政府中设置有掌管调解事务的官员，争议调解不成，才能到县级政府有关部门起诉。汉承秦制。汉代已建立了一整套较为严密的司法调解制度。乡啬夫的职责是"职听讼"，就是验问调解以息讼。

（3）唐设乡正、里正、村正，调和民纠，不可调者方交府县。唐代基层分设乡正、里正和村正，有权处理地方上的轻微刑事案件，并对民事纠纷进行调解仲裁，不能取决，方交府县

处理。

(4) 元代"以理喻解"民事纠纷,对当事人具有约束力,不能再诉。元朝法律中的"告拦"制度即通过非诉讼程序解决纠纷的规定。明盛"无讼"之观,民间自行息讼调处。

二、我国商事调解的产生和发展:清末民初以来

清朝的调解仍然分为民间调解与官府调解两种:前者以宗族、乡邻调解主导;后者则由州县官主持。一般认为,商事调解产生于清朝末年。1902 年,中国第一个民间商会——上海商业会议公所成立,其章程中关于商事调解的规定为商事调解机制的形成奠定了基础。[①] 也有人认为,1905 年成都商会首先成立了具有调解性质的商事公断处。伴随着 20 世纪初清政府振兴商务"新政"的推进,专门保护工商业者利益的呼声亦日益高涨。清政府商部(1906 年底改为农工商部)在奏准颁行的《商会简明章程》中,明确规定了商会调解商事纠纷的功能,[②] 被认为是中国近代商会商事调解的正式形成。1914 年《商事公断章程办事细则》的出台进一步完善了商会商事调解机制。民国时期,中华法系虽然瓦解,但商事调解制度却被保留下来。[③] 民国时期大多数民事

---

① 赵毅宇. 中国商事调解立法理由的体系化展开 [J]. 中国海商法研究, 2023, 34 (02): 49-59.

② 该章程第 15 款指明:"凡华商遇有纠葛,可赴商会告知总理,定期邀集各董秉公理论,从众公断。如两造尚不折服,准其具禀地方官核办。"

③ 曾宪义. 关于中国传统调解制度的若干问题研究 [J]. 中国法学, 2009, (04): 34-46.

诉讼案件都是从村庄的纠纷开始，只有当它们无法由社区和宗族调解时，才会上诉至法庭。①

三、我国涉外商事调解的产生：以中国贸促会调解中心为视角

在我国众多的国际商事调解机构中，中国贸促会/中国国际商会调解中心的地位最为独特和权威。习近平主席在庆祝中国贸促会建会70周年大会暨全球贸易投资促进峰会的视频致辞中指出："中国贸促会始终把服务中外企业作为立身之本，促进贸易和投资，推动制度型开放，在国际经贸仲裁、知识产权服务、商事调解等领域积极探索创新。"从某种程度上说，中国贸促会涉外商事调解的历史就是我国涉外商事调解的历史。

我国涉外商事调解机制的启动与1977—1979年中美贸易纠纷解决的实践有着密切关系。中美双方当事人在协商未果后提交仲裁解决，案件最终运用中美联合调解的方式成功解决。其间，两国仲裁机构根据双方请求，各自指定调解员联合进行调解并顺利结案。中国国际贸易促进委员会和对外经济贸易仲裁委员会在争议解决中发挥了关键作用。调解机制在中美贸易纠纷这种涉外商事争议解决的实现，使得国际经贸争议解决的涉外商事调解机制展现了光明前景。

中国贸促会的商事调解业务始于20世纪70年代末80年代

---

① 黄宗智. "清代民事审判与民间调解" 导论 [J]. 南京大学法律评论, 1999, (01): 218-227.

初，与我国改革开放的历史相匹配。1980 年，中国贸促会同法国工业产权局签订了关于解决中法工业产权贸易争议的议定书，进一步发展了涉外商事调解这种争议解决方式。1981 年 5 月，中国对外经济贸易仲裁委员会同意大利仲裁协会签订了仲裁合作协议。该协议第一条规定："遇有中意经济贸易争议，应鼓励争议双方通过直接友好协商解决。如果经协商不能解决，无论争议双方有无仲裁协议，均应鼓励他们将争议提请由中国国际贸易促进委员会对外经济贸易仲裁委员会或海事仲裁委员会和意大利仲裁协会，各指定人数相等的调解员组成联合调解委员会，进行联合调解。调解无效，再按照双方的仲裁协议提请仲裁。"该仲裁合作协议明确将涉外商事争议的联合调解确立为法定渠道。

中国贸促会北京调解中心的成立开启了中外联合调解的快车道。1987 年，中国贸促会/中国国际商会北京调解中心在北京成立，这是我国第一个常设调解机构。同年，中国贸促会/中国国际商会北京调解中心与德意志联邦共和国在汉堡成立北京-汉堡调解中心。双方签署合作协议并据此制定了《北京-汉堡调解规则》。该规则以联合国国际贸易法委员会调解规则为基础并做了细微变更。北京-汉堡调解中心和调解规则的诞生是中外联合调解的一个重要里程碑。目前，中国贸促会/中国国际商会调解中心已经与国际知名的争议解决机构建立了 8 个联合调解中心，分别是：中美商事调解中心、中意商事调解中心、北京-汉堡调解中心、中韩商事争议调解中心、中加联合调解中心、内地-澳门联合调解中心、内地-香港联合调解中心和中蒙商事调解中心。

此外，中国贸促会/中国国际商会调解中心还与国际上 11 个调解机构进行业务合作，共同调解中外当事人之间的争议，如英国有效争议解决中心、新加坡国际仲裁中心、香港和解中心、希腊调解仲裁中心、日本自动车工业中心、黎巴嫩-中国商贸协会、中阿联合调解中心、中国-东盟联合调解中心等。①

除了涉外联合调解外，中国贸促会调解中心还具有广泛的国内合作渠道，具有全国性的分支机构工作网络。目前，调解中心已在全国主要省、自治区、直辖市设有 66 家分（支）会调解机构，形成了覆盖全国的调解工作网络，分支机构下另设 100 余家办事处，这些分支机构包括贸促会机关内设机构、事业单位、社会团体等多种形式，体制机制和发展情况各不相同，具有较强的参考价值。

四、世界调解制度的发展：从 ADR 运动至《新加坡调解公约》

基于调解的历史发展和调解的内在逻辑，《新加坡调解公约》签署之前的历史可以从两个视角和两个线索进行观察。两个视角是指法院视角和专门调解机构视角，法院视角更多体现官方调解立场，专门调解机构视角则更多强调民间调解本意。ADR 最初产生于诉讼负担，契合了司法机关化解诉讼爆炸以及诉讼效率低下的诉求。而两个线索，一个源于法院的 ADR 立法，另一个则

---

① 王芳. 建设具有独特优势的商会调解机制 [N]. 人民法院报, 2017-9-1。

是专门调解立法。很多国家既有 ADR 立法，也有调解法立法。

替代性纠纷解决方式（alternative dispute resolution，ADR）是一个一揽子争议解决的工具包术语，用来描述诉讼等传统方式之外的各种纠纷解决方式。有时，ADR 中的"A"被定义为"适当的"（appropriate）而不是"替代的"（alternative），以表明 ADR 涉及找到解决争议的最合适方式。有时不使用"A"，而只使用"争议解决"（dispute resolution）一词，以此表明所有争议解决方法都有可能被考虑。无论首字母缩略词以何种方式拼写，ADR 都是基于法院诉讼外可用于解决争议的工具包。

调解是 ADR 运动中极为重要的一部分，逐渐与其他解决方式一起成为有效解决争议的柔性机制。尽管此后 ADR 也区分为法院 ADR 与法院外 ADR，但是法院一直是 ADR 的中心。所有行业的大多数公司都将调解列为首选 ADR 技术。伴随着美国、日本等国 ADR 专门立法的通过，ADR 运动遍布全球，ADR 在全球范围内获得广泛承认。在"世界正义工程（the World Justice Project）"的"法治指数（the Rule of Law Index）"评估体系中，指数 7 为"民事司法"，其中 7.7 即为 ADR 的有关内容。替代性争议解决机制（ADR）是可利用的、公正的和有效的：衡量替代性争议解决机制（ADR）是否负担得起、高效、可执行且没有腐败。[①]

[①] 7.7 ALTERNATIVE DISPUTE RESOLUTION MECHANISMS ARE ACCESSIBLE, IMPARTIAL, AND EFFECTIVE: Measures whether alternative dispute resolution mechanisms (ADRs) are affordable, efficient, enforceable, and free of corruption. See https://worldjusticeproject.org/rule-of-law-index/factors/2023/Civil%20Justice.

(一) 源自美国的 ADR 法治

世界各国的 ADR 立法与调解立法伴随着调解运动的进行而展开，美国在这方面走在世界最前沿。法院附设调解是目前采用最多的法院附设 ADR 方式。美国的法院附设调解根据案件性质的不同，可分为强制性调解与自愿调解。[①] 美国 ADR 调解制度不断发展成超越法院范畴的一套体系，除了与诉讼相关联的司法 ADR 调解制度外，还有独立的 ADR 调解制度。美国于 1998 年颁布了《替代性争议解决法》(*Alternative Dispute Resolution Act*, *ADR Act*)，该法要求所有联邦初审法院均实行 ADR 制度，联邦各地区可以根据具体情况制定实施细则，法官有权决定将案件优先提交 ADR 程序来解决。2001 年，美国又颁布了《统一调解法》(*Uniform Mediation Act*, *UMA*)，该法由美国律师协会 (American Bar Association, ABA) 和统一州法全国委员会 (National Conference of Commissioners on Uniform State Laws, NCCUSL) 共同起草。目前，该法案已经在十三个州或特区通过 (参见表 2-1)。该法旨在为全美的调解沟通创建统一权利，消除各州调解规则之间的高度可变性和不一致性。该法规范了调解程序，并为调解员和调解参与者确立了保密特权。

表 2-1 美国通过《统一调解法》的州和地区一览表

管辖区域	年份	法案号	法律地位
伊利诺伊州	2003	HB 2146	已制定
内布拉斯加州	2003	LB 255	已制定

[①] 范愉. ADR 原理与实务 [M]. 厦门：厦门大学出版社，2002：467.

续表

管辖区域	年份	法案号	法律地位
艾奥瓦州	2005	SF 323	已制定
新泽西州	2005	SB679/AB841	已制定
俄亥俄州	2005	HB 303	已制定
华盛顿州	2005	SB 5173	已制定
哥伦比亚特区	2006	B16-0145	已制定
犹他州	2006	SB 61	已制定
佛蒙特州	2006	HB 33	已制定
南达科他州	2007		已制定
爱达荷州	2008	SB 1261	已制定
夏威夷州	2013	SB 966	已制定
佐治亚州	2021	SB 234	已制定

美国ADR和调解的渗透性和应用性非常高。除了法院ADR和行政部门ADR，美国民间ADR同样非常发达。美国最大的民间ADR服务机构——美国仲裁协会（American Arbitration Association，AAA）集仲裁与调解于一体，建立了完善的AAA-ICDR调解规则和多领域实践。作为世界上最大的ADR提供商，1979年成立的美国司法仲裁调解服务股份有限公司（Judicial Arbitration and Mediation Services, Inc., JAMS）在调解和ADR业务上具有辐射全球的领导力，也与我国有关调解机构建立了合作关系。

（二）双线跟进的日本ADR和调解立法

与美国相似，日本在调解制度上不仅有专门的调解立法，而且有ADR促进立法。1951年，日本颁布《民事调解法》，适用于家事纠纷和劳动纠纷外的各类调解。1999年，日本制定了

《关于促进调整特定债务等的特定调解法》（简称《特定调解法》），规定了特定调解制度。作为民事调解的特别程序，《特定调解法》若无明文规定，则适用《民事调解法》。2004年12月，日本公布了《诉讼外纠纷解决程序促进法》（即《ADR法》），对民间调解机构和调解员作出明确规定。[①] 日本法务省2019年2月28日颁布了《ADR促进法实施指导》的最新版本，旨在明确对民间ADR机构不法行为的规范、监督与处分，进一步规定了一系列关于民间ADR机构的资质标准及其所解决纠纷的具体标准。2023年，《ADR法》进行最新修订。日本官方大力提倡民间ADR制度，赋予民间ADR机构以"纠纷解决支柱"的地位，旨在拉近民众与民间ADR机构之间的距离。

（三）《欧盟调解指令》和消费者ADR立法

欧盟关于调解规则的统一运动在21世纪前后开始发力，顺应了国际调解运动的趋势。但无论是调解立法还是ADR立法，欧盟都较美国稍显滞后。1999年10月，欧洲委员会要求各成员国确立替代性争议解决程序。2000年5月，欧盟理事会采纳了民商法领域替代性争议解决方法的结论。2002年4月，欧洲委员会

[①] 《ADR法》第6条规定，民间调解机构应当满足下列条件：（1）具有专门领域知识背景的调解员；（2）有专门的规章制度，涵盖调解员选任办法、调解员回避、调解程序、调解收费标准等内容。经审查，如果法务大臣认为调解机构符合相应条件，则准予认证。此外，《ADR法》第7条规定，七类人士不得担任民间调解员：（1）成年的被监护人；（2）与纠纷存在利害关系的人；（3）禁治产人；（4）受刑事处分后未满5年的；（5）被取消认证的法人的工作人员；（6）退出暴力团伙未满5年的；（7）暴力团伙成员。取得认证的调解机构的名称和住所需在官方报纸上进行公示，以便接受公众监督。在每年度的最后3个月，获得认证的调解机构需向法务大臣提交本机构的年度工作报告、财务状况等信息。如果调解机构出现法律规定的取消认证的情形，法务大臣可撤销认证。

提出民商法领域替代性争议解决机制绿皮书来讨论调解的推广应用。2008 年 5 月 21 日，欧洲议会和欧盟理事会第 2008/52/EC 号《关于民商事调解某些方面的指令》（简称《欧盟调解指令》）通过。《欧盟调解指令》以《奥地利民事调解法》为蓝本，贯彻了正义原则和自由原则，为欧盟跨境民商事调解程序设定了最低融合标准，[1] 提出了调解质量和调解促进的要求，同时规定了调解的保密原则和调解协议的执行等问题。《欧盟调解指令》要求欧盟成员国必须在 2011 年 5 月 21 日之前以转换立法的形式使该指令在本国得以实施。《欧盟调解指令》旨在促进调解应用，并为当事人提供明确的法律体制。该指令适用于跨国争议的调解，也不排除成员国国内调解援引；事项范围为民商事领域，在当事人没有处分权的家庭法或劳动法中则不适用。该指令不适用于具有司法裁判性的程序，但适用于法庭推荐当事人或依据国内法规定进行调解的案件。该指令强调当事人自愿原则，当事人主导调解程序并可在任何时候开始或终止这一程序。在调解技术上，指令为在线调解打开通道。

欧盟的 ADR 立法在消费者权益保护方面比较突出。2013 年 5 月，欧盟议会和欧盟委员会发布《关于消费者替代性争议解决并修正第 2006/2004 号条例及第 2009/22 号指令的第 2013/11 号欧盟指令》，[2] 简称欧盟《消费者 ADR 指令》。该指令自 2013 年

---

[1] 周翠. 调解在德国的兴起与发展：兼评我国的人民调解与委托调解 [J]. 北大法律评论，2012，13（01）：70.

[2] Directive 2013/11/EU of the European Parliament and of the Council of 21 May 2013 on alternative dispute resolution for consumer disputes and amending Regulation (EC) No 2006/2004 and Directive 2009/22/EC (Directive on consumer ADR).

第二章　我国涉外商事调解机制的国内溯源与世界调解的发展

7月8日起适用。欧盟国家必须在2015年7月9日之前将其纳入国内法。[①] 该指令适用于除卫生和高等教育以外的所有市场部门，欧盟国家必须确保所有因商品销售或提供服务而产生的合同纠纷（发生在居住在欧盟的消费者与在欧盟设立的贸易商之间）都可以提交给 ADR 实体（ADR entity）。该指令既适用于线下销售和服务，也适用于线上。该指令要求所有 ADR 实体必须满足具有约束力的质量要求，保证其以有效、公平、独立和透明的方式运作。每个欧盟国家都必须指定一个或多个主管机构，对 ADR 实体进行监督并确保其符合质量要求。主管当局制定 ADR 实体的国家名单，只有符合质量要求的争议解决实体才能列入这些名单。同意或有义务使用 ADR 的商家必须在其网站以及一般条款和条件中告知消费者有关 ADR 的信息。当消费者和商家之间无法直接解决争议时，商家还必须告知消费者有关 ADR 的信息。为了提高透明度，欧盟国家必须确保 ADR 实体的网站提供清晰易懂的信息，包括联系方式和这些实体可以处理的争议类型，以及 ADR 程序的成本、平均时间和法律效力。ADR 实体还必须在其网站上公开年度活动报告，其中包含有关其处理的争议的信息。

除了欧盟《消费者 ADR 指令》，欧盟议会和欧盟委员会还同步发布了《关于在线解决消费者争议并修正第 2006/2004 号条例及第 2009/22 号指令的第 524/2013 号欧盟条例》（简称《消费者

[①] https://eur-lex.europa.eu/EN/legal-content/summary/alternative-dispute-resolution-for-consumer-disputes.html?fromSummary=09.

ODR 条例》）。①《消费者 ODR 条例》适用于网上购物纠纷，旨在建立一个欧洲在线争议解决平台（即欧洲 ODR 平台），使消费者能够联系网上交易者，并建议使用高质量的 ADR 实体来解决争议。

无论争议是国内的还是跨境的，无论购买是在线的还是离线的，《消费者 ADR 指令》为欧盟和几乎所有零售部门的消费者提供了一个可获得的高质量补救程序，但其实际应用效果比较有限。同时，消费者市场的变化也带来了新的挑战，当前的 ADR 架构面临较大压力。因此，修订 ADR 的呼声较高。就《消费者 ODR 条例》而言，ODR 平台是在数字市场发展初期的平台设计。然而，数字市场在线投诉处理系统（online complaint handling systems of digital marketplaces）快速发展，成为中小企业在线销售的主要争议解决渠道之一，这使得 ODR 平台变得多余。因此，停止使用该平台并废除《消费者 ODR 条例》的呼声也较高。②

基于此，2023 年 10 月 17 日，欧盟委员会通过了一项提案，作出如下审查 ADR/ODR 框架建议（参见表 2-2）：①修订现行欧盟《消费者 ADR 指令》的立法提案；②废除《消费者 ODR 条例》的立法建议；③向欧盟贸易协会以及成员国提出针对在线市场和具有争端解决机制的建议。

---

① Regulation (EU) No. 524/2013 of the European Parliament and of the Council of 21 May 2013 on online dispute resolution for consumer disputes and amending Regulation (EC) No. 2006/2004 and Directive 2009/22/EC (Regulation on consumer ODR).

② COMMISSION STAFF WORKING DOCUMENT IMPACT ASSESSMENT REPORT Accompanying the document Proposal for a DIRECTIVE OF THE EUROPEAN PARLIAMENT AND OF THE COUNCIL amending Directive 2013/11/EU on alternative dispute resolution for consumer disputes, as well as Directives (EU) 2015/2302, (EU) 2019/2161 and (EU) 2020/1828.

表 2-2 2023 年欧盟 ADR/ODR 修订建议

改进	当前的 ADR/ODR 框架	建议的更改
扩大 ADR 指令的范围	该指令仅涵盖居住在欧盟的消费者与在欧盟设立的贸易商之间因合同义务而产生的争议	该指令将适用于所有涉及消费者保护的欧盟法律行为，例如，与误导性价格指示、歧视性做法、与服务提供商转换相关的问题、合同前信息的遗漏、内容的可移植性、与维修权相关的补救措施等
		第三国交易者可以自愿参与 ADR 程序
促进交易者参与 ADR	除非欧盟或国家立法要求，否则交易者自愿参与 ADR	交易者自愿参与 ADR 仍然是自愿的，但交易者必须在 20 个工作日内回复 ADR 实体关于他们是否打算参与 ADR 的请求
		在线交易者将不再需要提供与 ODR 平台的链接，也不再需要维护专用的电子邮件地址
在跨境和国内 ADR 方面提供有针对性的消费者援助	消费者可以通过欧洲消费者中心、消费者组织或其他机构获得跨境替代性争议解决的帮助	成员国将指定一个欧洲消费者中心、消费者组织或其他机构作为替代性争议解决的联络点，以促进各方之间的沟通，协助这一过程，向当事方和替代性争议解决实体提供有关欧盟消费者权利和所确定的替代性争议解决实体适用的程序规则的一般信息，或告知当争议无法通过替代性争议解决程序解决时的其他补救方式
		所有协助消费者的行为者应本着诚信行事，并提前提供所有必要的信息
	竞委会维持网上争议解决平台，让消费者能够解决与商户的纠纷	网上争议解决平台将被数字互动工具所取代，该工具将引导消费者找到消费者补救解决方案
在数字市场中保护弱势消费者		消费者可以以可追溯的方式在线提交投诉和证明文件，并按需访问非数字格式的文件
		该提案要求通过易于访问和包容的工具使用数字 ADR 程序

续表

改进	当前的 ADR/ODR 框架	建议的更改
更人性化、更透明的 ADR 程序		当程序是通过自动化方式执行时，当事人将有权要求由自然人审查替代性争议解决结果
		ADR 实体在告知消费者这一选项并有机会拒绝将案件捆绑在一起后，可以将具有类似元素的案件捆绑在一起
ADR 实体的合理化报告要求	ADR 实体将在其网站上发布详细的年度活动报告	ADR 实体将被要求每 2 年发布一次简明活动报告
		ADR 实体在通知阶段的信息要求降低
对提供争议解决系统的在线市场和欧盟行业协会的新建议		委员会邀请它们使其系统与 ADR 指令的质量标准保持一致
		如果它们使用自动化程序来解决争议，则将其公开，并授予争议各方要求由自然人审查结果的权利
		它们应定期发布自我评估报告，但不得超过 2 年，说明质量标准的实施情况

五、全球商事调解的新契机和新阶段：《新加坡调解公约》出台后

因《新加坡调解公约》对世界各国调解事业和调解法律制度的促进和推动，成为全球调解的里程碑。2019 年 8 月 7 日，《新加坡调解公约》46 个国家在签字时，其他国家或许在观望、在研讨；但几乎可以确定的是，世界上没有一个国家会对这个公约置之不理。2020 年 9 月 12 日，《新加坡调解公约》正式生效。很

多人将其跟 1958 年《纽约公约》相提并论。1958 年《纽约公约》几乎被认为是最为成功的国际条约，该公约的成功也让人们对《新加坡调解公约》的未来抱有极大期望。中国、新加坡、美国、韩国和印度等国也是争议解决亟须获得突破的国家。美国与中国在公约签署后的变化成为公约影响力的重要代表。

作为集仲裁与调解于一体的美国最大的争议解决中心，美国国际争议解决中心（AAA-ICDR）对于《新加坡调解公约》的呼应即是明证。AAA 不仅代表着完善的仲裁规则，也发展出影响力较大的调解规则——AAA-ICDR 调解规则，成功将仲裁规则与调解规则结合在一起。历史上对 ICDR《国际调解规则》的制定和修改，基本上都与 AAA 适用于国内调解的《商业调解规则》同步进行。《新加坡调解公约》出台后，ICDR 在 2021 年首次对《国际调解规则》进行了重大的实质性修订，重新制定了一套全面的国际调解规则。AAA 国际争议解决中心（ICDR）已经完成 ICDR 调解规则和仲裁规则修订的全面审核，并自 2021 年 3 月 1 日起生效。AAA-ICDR 给出了有关调解程序的详细指南。规则强调当事人的自主性和控制性，隐私安全、个人信息保护和大数据，与《新加坡调解公约》保持接轨的执行问题。具体而言，关于线上调解问题，承认可以通过视频、音频或其他电子方式进行全部或部分调解。关于调解员任命，强化了当事人参与的重要性以及 ICDR 负有协助当事人寻找合格调解员的义务。关于调解员的职责与责任，2021 版规则将原来第 M-8 条调解程序的进行方式移动到第 M-9 条"调解程序"中，调解员职责的部分则保留在第 M-8 条中。关于当事人的责任，2021 年《国际调解规则》

第 M-10 条强调当事人都负有责任在调解中派出有权代表承诺执行和解协议。关于和解协议的执行规定在第 M-14 条，适应了《新加坡调解公约》的要求。根据《新加坡调解公约》第 4 条第 b 款，各方当事人可以请求调解员签署和解协议，请求调解员签署文件表明调解已进行，或要求 ICDR 签发文件证明在调解过程中达成和解协议，以协助调解所产生的和解协议的执行。

尽管中国政府积极参与了《新加坡调解公约》的缔约过程，但是对于"如何实现公约机制与中国现行制度接轨"尚无定论。[1] 批准《新加坡调解公约》是我国商事调解制度顺应法律全球化趋势的必然要求。业界普遍认为，阻碍国际商事调解发展的主要原因在于其缺乏国际公约提供有效和统一的跨境执行和解协议的法律框架。[2]《新加坡调解公约》在我国批准实施面临法律制度配套、执行机制协同和调解人才不足等一系列问题，亟待论证和解决。我国商事调解一般立法的缺位使得与调解相关的具体法律制度存在空白或不足，我国商事调解配套机制的严重不足将给《新加坡调解公约》在我国的适用造成障碍。加入《新加坡调解公约》面临的问题主要在于我国商事调解准备不足，具体表现为国内缺乏基本的商事调解法律、国内商事调解组织竞争力欠佳、国内商事调解人才培养不足、虚假调解等。国际商事调解和解协议在我国尚缺乏可执行性，在我国现行法律制度下，外国或

---

[1] 黄一文，王婕. 新加坡商事调解制度的发展及其启示 [J]. 商事仲裁与调解，2020 (03)：88-113.

[2] 蔡伟. 从《新加坡调解公约》看我国商事调解的改革 [J]. 安徽大学学报（哲学社会科学版），2021，45 (02)：114-122.

第二章　我国涉外商事调解机制的国内溯源与世界调解的发展 | 063

国际调解协议需转化为法院判决、裁定或仲裁裁决才能得到执行。[①]

关于因应公约完善我国涉外商事调解法律制度的立法问题，《新加坡调解公约》的生效会将我国商事调解法治迅速推至与国际商事调解机制深入互动的最前线。[②] 中国加入《新加坡调解公约》有利于倒逼国内尽快完善商事调解的基本法律制度，对制定《商事调解法》的具体内容给出建议。[③] 我国商事调解立法有"三步走"的说法：从行政法规"商事调解暂行条例"，到综合"调解法"商事调解专章，再到"民事程序法典"的商事调解专节。[④] 商事调解立法也有"两步走"观点：先利用"双轨制"为国内商事调解发展争取缓冲，然后实现商事调解制度并轨。[⑤] 完善调解组织、调解员认证与培养制度，是真正贯彻《新加坡调解公约》的重要举措。涉外商事调解协议的执行多集中于司法审查方面。

与我国学术界努力论证加入《新加坡调解公约》相匹配，我国最高人民法院、有关政府部门和社会各界对于公约的呼应也明显加强。早在 2019 年 1 月 14 日，最高人民法院、全国工商联就

[①] 孙南翔.《新加坡调解公约》在中国的批准与实施 [J]. 法学研究，2021，43 (02)：156-173.

[②] 杜军. 我国国际商事调解法治化的思考 [J]. 法律适用，2021 (01)：150-156.

[③] 段明.《新加坡调解公约》的冲击与中国商事调解的回应 [J]. 商业研究，2020，(08)：129-137.

[④] 周建华. 商事调解立法体系的递进式构建研究 [J]. 北京理工大学学报（社会科学版）：1-14.

[⑤] 宋连斌，胥燕然. 我国商事调解协议的执行力问题研究：以《新加坡公约》生效为背景 [J]. 西北大学学报（哲学社会科学版），2021，51 (01)：21-32.

印发了《关于发挥商会调解优势推进民营经济领域纠纷多元化解机制建设的意见》（法〔2019〕11号），提出发挥商会调解优势，加强诉调对接工作，推进民营经济领域纠纷多元化解机制建设。在2019年5月的全国调解工作会议上，司法部提出要努力构建大调解工作格局，不断拓展调解领域，创新调解工作方式方法，加强调解组织建设和各类调解衔接联动。2019年7月31日，最高人民法院印发《关于建设一站式多元解纷机制一站式诉讼服务中心的意见》（法发〔2019〕19号），促进建立调解前置机制，完善诉调一体对接机制。2019年11月19日，最高人民法院、中国人民银行和中国银行保险监督管理委员会联合印发《关于全面推进金融纠纷多元化解机制建设的意见》，就加强金融纠纷调解组织建设等作出部署。2019年11月，全国首家基金行业人民调解委员会——北京基金小镇基金行业纠纷人民调解委员会揭牌成立。2019年12月，中国证券投资基金业协会分别与北京仲裁委员会、杭州仲裁委员会签署合作协议，合作开展建设证券投资基金纠纷仲调对接机制。司法部于2021年12月22日审议通过的《全国公共法律服务体系建设规划（2021—2025年)》对调解工作作出安排：进一步完善以人民调解为基础，人民调解、行政调解、行业性专业性调解、司法调解优势互补、有机衔接、协调联动的大调解工作格局；研究推动调解立法，建立健全人民调解、行政调解、商事调解相关法律制度；加强调解协会建设，拓展协会职能作用；研发推广全国智能移动调解系统。

第三章

我国涉外商事调解机制的法治现状梳理

一、我国商事调解机制的立法与制度建设

（一）我国商事调解机制的立法架构

从国内立法视角看，目前有关调解的法律规则，除了体现在《民事诉讼法》《仲裁法》《人民调解法》等法律中（参见表3-1），还体现在《人民调解委员会组织条例》等行政法规中。这些法律法规从诉讼和仲裁视角为调解提供了制度基础，也在农村土地承包经营和劳动争议领域为调解设定了专门规则。总体上看，这些法律法规构成了我国目前调解最为基础的法律制度，同时也为商事调解和涉外商事调解专门规则的确定提供了必要立法经验。

表 3-1 我国关于调解的主要法律与行政法规

发布时间	名称	文号	效力
2021.09.01	民事诉讼法	主席令第 11 号	有效
2017.09.01	仲裁法	主席令第 76 号	有效
2010.08.28	人民调解法	主席令第 34 号	有效
2009.06.27	农村土地承包经营纠纷调解仲裁法	主席令第 14 号	有效
2007.12.29	劳动争议调解仲裁法	主席令第 80 号	有效
1989.06.17	人民调解委员会组织条例	国务院令第 37 号	有效

除了法律和行政法规外，我国还存在大量有关调解的部门规章和规范性文件。从 20 世纪 50 年代的司法部文件开始，我国调解工作历经近 70 年的变迁。截至 2022 年 5 月，根据北大法宝，我国有关调解的部门规章和规范性文件共有 100 多份。这些规范性文件涉及的领域非常广泛，包括知识产权纠纷、水电工程建设经济合同争议、汽车维修质量纠纷、电力争议纠纷、合同争议行政领域、企业劳动争议、人事争议和农村土地承包经营纠纷等国家经济和社会生活的各个领域。

（二）《民事诉讼法》调解制度的最新修订及其对《新加坡调解公约》的呼应

以上立法建设中，《民事诉讼法》的最近两次修订在某种程度上为涉外商事调解打开希望之门。2021 年底《民事诉讼法》修订中对调解的最新规定积极对接了《新加坡调解公约》。2023 年修订则完善了涉外法治建设。

1. 2023 年对涉外法治的规定

2023 年 9 月 1 日《民事诉讼法》通过修订，自 2024 年 1 月

1日起施行。此次修订完美诠释了我国涉外法治建设的方向，重点对"涉外民事诉讼程序的特别规定"一编的内容进行了修改完善，值得关注的是涉外民商事案件管辖权的扩大与补充。①明确扩展至非财产权益管辖。根据《民事诉讼法》第276条，管辖纠纷的类型由原来的"合同纠纷或者其他财产权益纠纷"扩展至"涉外民事纠纷"，不仅包含财产权益纠纷，还将非财产权益纠纷纳入其中，增设侵权行为地管辖。②增设"适当联系"管辖。根据新增的第276条第2款，如果涉外民事纠纷与中国"存在其他适当联系"，也可以由人民法院管辖。"适当联系"管辖在我国司法实践中最早可见于最高人民法院"中兴诉康文森案"①。该案中，康文森在中国没有住所和代表机构，且康文森也未与中国产生任何关于合同或侵权的管辖连接点。判断标准必要专利许可纠纷与中国是否存在适当联系，应结合该类纠纷的特点予以考虑。标准必要专利许可纠纷既非典型的合同纠纷，又非典型的侵权纠纷，而是一种特殊的纠纷类型。基于此，"适当联系"结合案件类型和性质，标准必要专利纠纷体现为许可标的所在地、专利实施地、合同签订地和合同履行地。该案件中体现的"适当联系"原则在后续的OPPO诉夏普案中进一步拓展。该案中，法院扩大了"适当联系"的范围，包括专利权授予地、专利实施地、专利许可合同签订地或专利许可磋商地、专利许可合同履行地、可供扣押或可供执行财产所在地。这些连结点的确立对于理解和适用"适当联系"原则具有重要价值。因此，"适当联系"作为

---

① 参见最高人民法院（2019）最高法知民辖终157号民事裁定书。

一个弹性管辖依据，在经过司法解释后，必然极大地扩展我国涉外民商事案件管辖权，成为我国管辖权扩展战略的核心内容。③增加涉外协议管辖规定。对于与争议有实际联系的地点不在我国领域内的，明确当事人可以协议选择我国法院管辖。根据《民事诉讼法》第277条和第278条，涉外民事纠纷的明示协议管辖和默示协议管辖得以确认。明示协议管辖需要当事人书面协议选择；默示协议管辖意味着当事人虽然未对诉讼提出管辖异议但却实施应诉答辩或者提出反诉诉讼行为。④增加涉外专属管辖情形。具体增加两种情形：因在我国领域内设立的法人或者非法人组织的设立、解散、清算，该机关作出的决议的效力等提起的诉讼，以及因在我国领域内审查授予的知识产权的有效性等提起的诉讼等与我国利益密切相关的特定类型案件。由此，涉外专属管辖的案件类型扩展为三大类。⑤增加平行诉讼和不方便法院原则等规定。平行诉讼中，如果人民法院有管辖权，即可受理。如果当事人订立排他性管辖协议，选择外国法院管辖且不违反专属管辖的，人民法院可以裁定不予受理或驳回起诉。但是该规定也有例外：不涉及中华人民共和国主权、安全或者社会公共利益。一旦涉及，无论当事人如何约定，人民法院都可管辖。⑥其他涉外规定。除以上涉外管辖规定外，《民事诉讼法》还修改了涉外送达，完善了涉外民事案件司法协助制度，增设了域外调查取证相关规定，完善了外国法院生效判决、裁定承认与执行的基本规则。

2. 2021年对调解制度的修订

2021年底《民事诉讼法》修订时，对调解的最新规定积极对接了《新加坡调解公约》。2021年12月24日,《民事诉讼法》修改通过,取消了"人民调解法"这个重要字眼,并且确立了几项重要制度:

第一,独立调解组织的设立。调解组织"依法设立"意味着国家为独立调解组织的设立打开了方便之门。调解组织只需要依法设立,这意味着更多的调解组织和更加庞大的调解事业。

第二,确立了机构调解,但是没有规定临时调解。仲裁制度中除了机构仲裁,还有临时仲裁。调解亦如此,在最终通过的修改稿中,独立的调解员主持达成的调解协议并没有在民事诉讼法中确认。所以,在调解员整体制度架构中,任何调解员只有依赖所在机构才能真正从事有效调解。至于临时调解制度是否可以确立,只能等待将来更进一步的立法。

第三,诉调对接的邀请调解制度。新法,即修订后的《民事诉讼法》规定,法院可以邀请调解组织先行调解,这在实际上将一部分案件分流到调解机构中,会减轻很大一部分诉累。

第四,调解协议司法确认的级别管辖。旧法中只规定了基层人民法院,而新法则更加科学,从两个角度确立了级别管辖。首先,如果案件属于邀请调解,则调解协议的确认由邀请法院受理。所以,哪个法院邀请,哪个法院受理,理论上任何级别法院都可以受理调解协议的确认。其次,如果属于调解组织自行调解,则受理法院为基层法院或中级人民法院。

第五,确立了调解协议确认的选择管辖制度。在调解组织自行开展调解的背景下，当事人可选择的基层法院有三类：当事人住所地、标的物所在地和调解组织所在地。与旧法相比，新法增加了当事人住所地和标的物所在地，大大拓展了当事人选择的范围，更加方便调解协议的确认和争议的彻底解决。

以上重要制度的确立为顺利进行诉调对接和减轻法院诉累铺平了道路。从根本上看，这是与《新加坡调解公约》接轨的必然结果，也是中国批准《新加坡调解公约》的应有动作。

二、最高人民法院关于调解的司法解释及多元化纠纷解决机制建设

最高人民法院关于调解的司法解释等规范性文件不仅数量众多（参见表3-2），而且在某种程度上起到了调解"轻骑兵"的作用。这些文件不仅可以让调解法律落地，而且能够较新较快地反映调解的动向和使命。最重要的是，在涉外法治战略体系下，反映涉外商事调解的规范性文件起到了"排头兵"作用。例如，"一站式"国际商事纠纷多元化解决机制、发挥商会调解优势推进民营经济领域纠纷多元化解机制、多元化解纠纷效能、在线调解、全国性和区域性特邀调解名册等。尤其是2021年12月颁布的《人民法院在线调解规则》，对构建依托人民法院调解平台开展的全部或者部分在线调解活动作出全面规范，不仅对于人民法院涉及的商事调解具有直接适用功能，而且对构建独立在线商事调解具有重要参考价值。

表 3-2 最高人民法院关于调解的司法解释等规范性文件

发布时间	名称	文号	效力
2021.12.30	人民法院在线调解规则	法释〔2021〕23 号	有效
2021.10.18	关于加快推进人民法院调解平台进乡村、进社区、进网格工作的指导意见	法〔2021〕247 号	有效
2021.06.16	关于进一步健全完善民事诉讼程序繁简分流改革试点法院特邀调解名册制度的通知	法〔2021〕150 号	有效
2020.12.29	关于人民法院民事调解工作若干问题的规定（2020 修正）	法释〔2020〕20 号	有效
2020.12.29	关于审理涉及农村土地承包经营纠纷调解仲裁案件适用法律若干问题的解释（2020 修正）	法释〔2020〕17 号	有效
2020.12.29	关于修改《最高人民法院关于人民法院民事调解工作若干问题的规定》等十九件民事诉讼类司法解释的决定	法释〔2020〕20 号	有效
2020.01.09	关于进一步完善委派调解机制的指导意见的通知	法发〔2020〕1 号	有效
2019.12.09	关于深入开展价格争议纠纷调解工作的意见的通知	法发〔2019〕32 号	有效
2019.01.14	关于发挥商会调解优势 推进民营经济领域纠纷多元化解机制建设的意见的通知	法〔2019〕11 号	有效
2018.11.13	关于确定首批纳入"一站式"国际商事纠纷多元化解决机制的国际商事仲裁及调解机构的通知	法办〔2018〕212 号	有效
2018.06.05	关于仲裁机构"先予仲裁"裁决或者调解书立案、执行等法律适用问题的批复	法释〔2018〕10 号	有效

续表

发布时间	名称	文号	效力
2017.05.08	关于民商事案件繁简分流和调解速裁操作规程（试行）的通知	法发〔2017〕14号	有效
2017.03.21	关于进一步加强劳动人事争议调解仲裁完善多元处理机制的意见	人社部发〔2017〕26号	有效
2016.11.04	关于全面推进保险纠纷诉讼与调解对接机制建设的意见	法〔2016〕374号	有效
2016.06.28	关于人民法院特邀调解的规定	法释〔2016〕14号	有效
2014.01.09	关于审理涉及农村土地承包经营纠纷调解仲裁案件适用法律若干问题的解释	法释〔2014〕1号	修改
2012.12.18	关于在全国部分地区开展建立保险纠纷诉讼与调解对接机制试点工作的通知	法〔2012〕307号	有效
2012.03.31	关于印发全国法院优秀调解案例的通知	法〔2012〕101号	有效
2011.04.22	关于深入推进矛盾纠纷大调解工作的指导意见的通知	综治委〔2011〕10号	有效
2011.03.23	关于人民调解协议司法确认程序的若干规定	法释〔2011〕5号	有效
2010.11.08	关于认真学习和贯彻《中华人民共和国人民调解法》的通知	法发〔2010〕46号	有效
2010.07.27	关于申请人南方国际租赁有限公司申请撤销深圳仲裁委员会（2007）深仲调字第20—1号补正调解书一案的请示的复函	〔2010〕民四他字第45号	有效
2010.06.07	关于进一步贯彻"调解优先、调判结合"工作原则的若干意见的通知	法发〔2010〕16号	有效
2009.07.23	关于对在调解工作中做出突出成绩的人民法院予以表扬的通报	法〔2009〕229号	有效

续表

发布时间	名称	文号	效力
2007.08.23	关于进一步加强新形势下人民调解工作的意见	司发〔2007〕10号	有效
2007.03.01	关于进一步发挥诉讼调解在构建社会主义和谐社会中积极作用的若干意见的通知	法发〔2007〕9号	有效
2005.05.31	关于加强再审调解工作的通知	法〔2005〕63号	有效
2004.09.16	关于人民法院民事调解工作若干问题的规定	法释〔2004〕12号	修改
2002.09.16	关于审理涉及人民调解协议的民事案件的若干规定	法释〔2002〕29号	失效
2000.12.14	关于拒不执行人民法院调解书的行为是否构成拒不执行判决、裁定罪的答复	法研〔2000〕117号	有效
1999.04.27	关于当事人持台湾地区有关法院民事调解书或者有关机构出具或确认的调解协议书向人民法院申请认可人民法院应否受理的批复	法释〔1999〕10号	失效
1999.02.09	关于人民检察院对民事调解书提出抗诉人民法院应否受理问题的批复	法释〔1999〕4号	失效
1994.04.11	关于在财产保全时为被申请人提供担保的当事人应否在判决书或调解书中明确其承担的义务及在执行程序中可否直接执行担保人财产的复函	法经〔1994〕90号	失效
1993.03.08	关于民事调解书确有错误当事人没有申请再审的案件人民法院可否再审问题的批复	〔93〕民他字第1号	失效
1992.05.04	关于被执行人未按民事调解书指定期间履行给付金钱的义务是否应当支付延期履行的债务利息问题的复函	法函〔1992〕58号	失效

续表

发布时间	名称	文号	效力
1989.09.07	关于对甘秀珍与李福高离婚案件是否需要通过再审程序撤销原调解书问题的函	〔1989〕民他字第 36 号	失效
1986.08.20	关于人民法院对申请强制执行仲裁机构的调解书应如何处理的通知	法〔经〕复〔1986〕26 号	失效
1985.11.06	关于人民法院审理经济行政案件不应进行调解的通知	法（经）发〔1985〕25 号	失效
1984.04.09	关于一方为外国人与我国境内的配偶达成离婚协议我国法院可否制发调解书问题的批复	[84] 法民字第 4 号	失效
1965.05.05	关于采用其他方法处理的轻微伤害案件是否要制作调解书或判决书的问题的批复	[65] 法研字第 11 号	失效
1964.01.18	关于民事案件在开庭审理前试行调解时不必邀请人民陪审员参加的批复	[64] 法研字第 3 号	失效
1957.05.23	关于经乡人民委员会调解成立的离婚协议是否具有法律效力问题的批复	法研字第 4017 号	有效
1957.05.13	关于上诉审法院主持成立的调解的效力等问题的批复	法研字第 8232 号	失效
1957.02.23	关于"主持调解的审判人员"是否包括人民陪审员等问题的批复	研字第 4016 号	有效
1957.02.21	关于离婚案件的一方当事人在上诉期间与第三者结婚是否违法和人民法院主持成立的调解可否提起上诉两个问题的批复	[57] 法研字第 3580 号	失效
1956.09.20	关于撤销调解书的程序问题的复函	研字第 9406 号	有效

配合我国立法，最高人民法院一直以司法解释等规范性文件推动调解事业发展。从不断修改的人民调解规定，到目前多元化化解机制和商会调解，调解的重要性和独立性也呈明显增强的趋势。这一方面显示出我国相关立法缺乏背景下最高人民法院的限制，另一方面也展现出调解对于现实争议解决的重要性。在最高人民法院的努力下，非诉讼纠纷解决机制与一站式多元解纷机制建设成绩斐然。2018年，最高人民法院选定中国国际贸易促进委员会调解中心和上海经贸商事调解中心作为调解机构，这两个调解中心成为首批纳入一站式纠纷解决平台的机构。[①] 2021年，"总对总"在线诉调对接已有3.3万个调解组织和16.5万名调解员入驻平台。[②] 至2022年，"总对总"在线调解机制已有6.3万个调解组织和26万名调解员进驻调解平台。目前，我国已建成世界上在线调解最全的一站式多元纠纷解决和诉讼服务体系。[③]

三、"一带一路"倡议与我国商事调解机制建设

自2013年正式提出"一带一路"倡议后，探索和完善"一带一路"争端解决机制的努力就从来没有停止过。2015年，最高人民法院发布《关于人民法院为"一带一路"建设提供司法

[①] 刘婷梅. 国际商事法庭这一年 [N/OL]. 中国审判新闻半月刊，(2019-07-25) [2024-03-05]. https://www.court.gov.cn/fuwu-xiangqing-173282.html.

[②] 周强. 最高人民法院工作报告 [N/OL]. 人民法院报，(2021-03-16) [2024-03-05]. https://rmfyb.chinacourt.org/paper/images/2021-03/16/01/2021031601_pdf.

[③] 周强. 最高人民法院工作报告 [N/OL]. 人民法院报，(2021-03-16) [2024-03-05]. https://rmfyb.chinacourt.org/paper/images/2021-03/16/01/2021031601_pdf.

服务和保障的若干意见》（法发〔2015〕9号），提出支持发展多元化纠纷解决机制，依法及时化解涉"一带一路"建设的相关争议争端。支持中外当事人通过调解、仲裁等非诉讼方式解决纠纷。推动完善商事调解、仲裁调解、人民调解、行政调解、行业调解、司法调解联动工作体系，发挥各种纠纷解决方式在解决涉"一带一路"建设争议争端中的优势，不断满足中外当事人纠纷解决的多元需求。2018年1月23日审议通过并由中共中央办公厅和国务院办公厅发布的《关于建立"一带一路"国际商事争端解决机制和机构的意见》积极支持建立"一带一路"国际商事争端解决机制和机构，提出积极培育并完善诉讼、仲裁、调解有机衔接的争端解决服务保障机制，以满足当事人多元化纠纷解决需求。支持"一带一路"国际商事纠纷通过调解、仲裁等方式解决，推动建立诉讼与调解、仲裁有效衔接的多元化纠纷解决机制，形成便利、快捷、低成本的"一站式"争端解决中心。支持具备条件、在国际上享有良好声誉的国内调解机构开展涉"一带一路"国际商事调解。支持有条件的律师事务所参与国际商事调解，充分发挥律师在国际商事调解中的作用，畅通调解服务渠道。"一带一路"国际商事调解机构为解决"一带一路"建设参与国当事人之间的跨境商事纠纷出具的调解书，可以由有管辖权的人民法院经过司法确认获得强制执行力。2018年6月27日，最高人民法院发布《关于设立国际商事法庭若干问题的规定》，提出构建调解、仲裁、诉讼有机衔接的纠纷解决平台，形成"一站式"国际商事纠纷解决机制。2019年12月，最高人民法院在《关于人民法院为"一带一路"建设提供司法服务和保障的若干意见》(法发〔2015〕9号)的基础上发布《关于人民法院进一步为"一带一路"建设提供司法服务和保障的意见》(法发〔2019〕29号),提出拓展国际商事法庭"一站式"纠纷解决平台的国际商事仲裁机构、国际商事调解机构名单,适当引入域外国际商事仲裁机构、国际商事调解机构,使更多国际商事纠纷在中国获得高效解决。在国际商事案件中贯彻调解优先原则,当事人同意的,可在任何阶段共同选择国际商事专家委员、国际商事调解机构或国际商事法庭进行调解。

《新加坡调解公约》签署并生效后,如何将《新加坡调解公约》与我国倡议的"一带一路"商事争议解决机制相融合,如何打造升级版的"一带一路"多元化争议解决机制,应当成为深入研究的重要课题。

四、我国涉外商事调解的特色

我国涉外商事调解的特色是在我国调解制度历史基础上的凝练,是在比较各国调解制度背景下的一种挖掘。只有总结我国涉外商事调解的特色,才能更好地发挥我国调解制度的优势,更深层次上发现我国商事调解的弱势,把中国特色的涉外商事调解建设推向更高水平。

(一)独立性与一体性:脱胎于仲裁但独立性越来越突出

我国涉外商事调解依赖于中外经济贸易往来,产生于中外商事争议。在国际商事争议解决中,国际仲裁在事实上已经形成先发优势。随着 1958 年《承认和执行外国仲裁裁决公约》（即《纽约公约》）的签署，全球范围内外国仲裁裁决的承认和仲裁条款的执行得到解决，涉外仲裁获得飞速发展。但是，仲裁在迅速发展的同时，也日益暴露出程序冗长、效率低下、成本较高等问题，这就为涉外商事调解登上舞台提供了契机。1977 年至 1979 年间，中美贸易纠纷解决基本依赖于仲裁途径，但是因为仲裁很难达到争议解决效果，在仲裁基础上启动调解才得以最终解决争端。1981 年，中国和意大利之间确立的联合调解正是基于中国对外经济贸易仲裁委员会同意大利仲裁协会签订的《仲裁合作协议》。协议签订双方是仲裁机构和仲裁协会，协议内容也主要是基于中意经济贸易合同而产生的和与其有关的仲裁争议解决。[①]

调解与仲裁的密切关系和衍生性，也体现在仲裁机构内部调解业务和调解机构的分立。仲裁机构内部的调解已经非常普遍，而且都有比较明确的仲裁-调解条款或单独的调解条款。北京仲裁委员会调解中心就是成立较早的调解中心。2011 年 8 月 1 日，北京仲裁委员，会成立调解中心，旨在鼓励民众利用调解解决商事纠纷。北京仲裁委员会将"调解立案"与"仲裁立案"并列。2008 年 12 月 22 日，深圳仲裁委员会/深圳国际仲裁院成立深圳国际仲裁院调解中心（原名"中国国际经济贸易仲裁委员会华南

[①] 根据《中国国际贸易促进委员会对外经济贸易仲裁委员会和海事仲裁委员会与意大利仲裁协会仲裁合作协议》第 1 条，遇有中意经济贸易争议，应鼓励争议双方通过直接友好协商解决；如经协商不能解决，无论争议双方有无仲裁协议，均应鼓励他们先将争议提请由中国国际贸易促进委员会对外经济贸易仲裁委员会或海事仲裁委员会（视情况而定）和意大利仲裁协会各指定人数相等的调解员组成的联合调解委员会，进行联合调解；调解无效，再按争议双方的仲裁协议提请仲裁。

分会调解中心",又名"华南国际经济贸易仲裁委员会调解中心"),后又于2013年12月7日牵头共同创立仲裁调解合作平台——粤港澳仲裁调解联盟(原称"粤港澳商事调解联盟"),该联盟目前拥有粤港澳地区的15家主要商事仲裁调解机构成员。伴随着1987年中国贸促会北京调解中心的成立,中国和其他国家之间的商事调解和联合调解越来越受到重视。北京-汉堡调解中心、中美商事调解中心、中意商事调解中心、中韩商事争议调解中心和中加联合调解中心等中国和外国调解机构之间的合作更加深入。我国涉外商事调解愈发受到国际社会瞩目,商事调解的地位和影响力越来越突出。

涉外商事调解的这种独立性是由国际经贸关系的密切发展以及商事调解的优越性决定的,也与ADR争议解决和调解制度的快速发展密不可分。国际经贸往来越是频繁、越是密切,涉外商事争议就会发挥越大的作用。伴随着《新加坡调解公约》的订立和签署,商事调解的独立作用必然受到越来越多国家重视,商事调解也必然越来越独立发挥作用。

(二) 民间性:最为基础和雄厚的力量

美籍学者黄宗智认为:"如果不结合民间的调解制度来考虑,官方的中国法制是无法理解的。也许传统中国和现代西方在司法制度上的最显著的区别就在于前者对民间调解制度的极大依赖。"[1]

脱胎于民间调解而高于民间调解,这是我国涉外商事调解的

---

[1] 黄宗智. 清代民事审判与民间调解:清代的表达与实践 [M]. 北京:中国社会科学出版社,1998.

底色。我国涉外商事调解具有悠久的调解文化作为积淀。中华文明历来崇尚"以和邦国""和而不同""以和为贵"。① 在国际社会更加多样化的今天，和合文化历史传统更加彰显其契合性和生命力。在国内，中国贸促会及其仲裁机构和调解中心都具有极为重要的民间属性。这种属性本身使得国际争议的解决更加容易达成，更加亲民，也更有利于维护争议当事方的商业关系。在国际上，无论是 ADR 还是国际仲裁和调解，民间属性也都非常突出。从涉外商事调解的来源看，其产生土壤为仲裁争议解决方式，当然具有民间性。与仲裁相比，调解这种争议解决方式的民间性更强，更加贴近企业长期发展需要。这种民间属性要求调解员产生的方式如同仲裁员一样，不能纳入公务员或者政府职员序列。

民间调解机构和调解机构民间性的成长性和趋势已经呈现。我国民间的商会、行会、仲裁机构和律师事务所等，成为孵化调解机构的重要基地。目前，商会设立的调解中心主要以中国国际经济贸易促进委员会/中国国际商会和全国工商联为主。截至 2023 年 6 月，该调解中心已在全国各省、市、自治区及一些重要城市设立分会调解中心共 66 家，与国外诸多仲裁和调解组织建立起密切联系，在涉外或国际商事调解中更是具有其他调解组织难以匹敌的竞争力。2018 年，该调解中心成为首批被最高人民法院纳入"一站式"国际商事纠纷多元化解决机制的调解机构。根据工商联商会调解服务平台数据，截至 2024 年 5 月，工商联系统（http://tiaojie.acfic.org.cn/）共有工商联组织 3058 家，调解

---

① 2017 年 1 月 18 日习近平主席在联合国日内瓦总部的演讲。

组织 5237 个，调解员 10706 名，调解案件 35 万多件。在商事调解组织中，律师事务所应当是最为积极的探索市场化调解的机构。律师也是最为积极的对接商事调解的专业群体。尽管目前律师事务所成立调解机构还不是令人心动的现实选择，但是律师事务所和律师群体还是积极踊跃成立有关调解组织。例如，2006 年德衡律师事务所发起设立了青岛市涉外律师调解中心，成为全国第一家由律所成立的律师调解中心。2016 年，杭州市律协成立了杭州律谐调解中心，这是全国第一家由律协设立的律师调解中心，也是全国首个以律师为主体的专业性调解组织。

涉外商事调解的民间性也要求我国的调解立法中应当具有商事调解内容。2011 年 1 月 1 日实施的《人民调解法》属于人民调解体制机制，具有较强的行政色彩，与涉外商事调解的民间性具有较大不同。这也决定了商事调解及涉外商事调解的单独立法要求具有内在合理性。

（三）深厚的积淀性与官方属性：应当汲取和克服的双重力量

我国调解制度有千年历史，具有深厚的制度基础。和合文化同样历史悠久，千年不断。调解制度与和合文化水乳交融，并最终成为我国调解法治的一部分。这些都为发展中国特色的调解制度奠定了雄厚基础。中国特色涉外商事调解制度的内涵与价值、构建和完善也必须依赖于此。

我国调解制度在其千年演化过程中，糅合了调解的民间性与官方性，而且官方调解与民间调解几乎并驾齐驱，共同发展。民间性与官方性如同调解制度的两面，浑然一体。因此，在完善我国涉外商事调解机制的过程中，不能只看到调解的民间性而忽视了官方性。民间调解一方面需要官方承认，需要国家进行立法和司法确认；另一方面，民间调解也与官方调解一样受到国家立法和司法的严格审视。如何对民间调解加以鼓励并对官方调解加以约束，如何对调性不同的情况从观念和理念上进行分割，如何对《新加坡调解公约》中商事调解的民间性和官方性基础进行观念厘清和立法因应？既有商事调解，又有国家利益，对于民间性和官方性的深刻认识应当是：涉外商事调解应在国家安全和国家利益安全阀下最大限度张扬其民间性。这也是千年调解历史中民间调解始终没有湮灭并且逐步扩大给中国的底气。

我国涉外商事调解依赖的调解制度历经千年，已经形成较大的历史惯性，而且很容易在商事调解法治建设中形成潜在和明显的改革惰性。只有摒弃历史依赖性，才能最大限度张扬调解积淀的深厚性，才能为中国涉外商事调解的国际影响力和法律文化软实力打开方便之门。

（四）弱程序性与高效性：多元争议解决中的重要性越来越突出

在我国司法实践中，对于 ADR 的提倡并非主流，多元争议解决机制的提法目前更加普遍。《中共中央关于全面推进依法治国若干重大问题的决定》就提出，完善调解、仲裁、行政裁决、行政复议、诉讼等有机衔接、相互协调的多元化纠纷解决机制。调解作为一种求"和"的争议解决方式，非常符合我国文化传

第三章 我国涉外商事调解机制的法治现状梳理

统。调解是由当事人控制的非约束性程序，具有弱程序性与弱对抗性，具有基于保密性、高效性和商业利益的商业友好性。从程序性上看，国际范围内诉讼的程序性最强，对抗性也最强。而且，为了保证公平公正审判，诉讼制度在构建上也刻意强调"两造对抗"并设置系列规则。这些程序性规则的优点是最大限度保障公平正义的司法实现，但是也带来了烦琐程序、敌视对抗以及相对高昂的诉讼成本。从目前中国贸促会在国际上联合调解的实践经验看，联合调解将"背对背"与"面对面"相结合，使得"面对面"的对抗性大大减弱并使相关各方更加理智地达成一致意见，争议解决时间也大幅缩减。

调解也贯穿在我国诉讼、仲裁等争议解决途径中。诉调结合与仲调对接也充分显示出调解与这两种途径的内在渊源以及调解的优越属性。从国际争议解决的实践看，商事调解往往成为涉外诉讼或者国际仲裁无法进行或者难以进行时的一种最佳选择。与诉讼相比，商事调解解决争议的时间成本低，效率高，费用低，争议解决更加彻底；与仲裁相比，商事调解的费用更低，效率也更高，时间成本也更低。因此，面对我国和国际上因为诉讼机制造成的"诉累"，商事调解不仅可以节约司法成本，减轻诉讼负担，而且能够更加有效、彻底地解决争议。这种争议解决方式能为当事人节省高昂的涉外诉讼费用、律师费用等成本，也能大幅度节省争议解决的时间成本。从争议解决服务和多元解决机制的方式看，涉外商事调解的优越性越来越得到公认。从诉调对接机制看，法院外 ADR、我国委托调解和委派调解都体现了诉讼与调解的结合以及调解的黏性。从仲调对接机制看，仲裁时间较短，但是调解时间更短,往往在连续 1~2 天内结束,而且著名的国际调解机构会有超过 80% 的成功率。Med-arb 就是典范。在 Med-arb,如果调解失败,争议解决过程尚未结束,当事人可以继续进行仲裁,调解员可以担任仲裁员角色(如果他或她有资格这样做),并作出具有约束力的决定。

联合国国际贸易法委员会正是在重视商事调解经验的基础上,优化了推荐性国际调解规则;国际商事仲裁委员会也正是在重视商事调解的情况下,在第七届国际仲裁大会上邀请中国介绍调解经验。无论是替代性争议解决机制还是多元解决机制或融合性解决机制,从矛盾化解的途径和手段看,商事调解的需求和地位越来越突出。正因为联合调解和商事调解脱胎于民间,具有最为重要的民意基础,所以能够最大限度实现商业争议的私力救济,在当事人弱化"面对面"强化"背对背"化解争议的同时,真正实现了争议解决的"心贴心"。在数字时代背景下,随着线上争议解决以及多元争议解决的推动,涉外商事调解的地位和重要性会更加彰显。

第四章

我国涉外商事调解机制的挑战与问题

我国商事调解在涉外法治战略背景下的挑战与问题既来自商事调解本身,也来自在此战略背景下商事调解应承担的使命。我国商事调解本身的问题主要是商事调解在争议解决中的地位和作用还没有得到完全承认,不具有独立性,历史悠久的和合文化传统和经验并没有转换为真正的法治软实力。在此战略背景下,我国涉外商事调解面临更高的要求,要求中国的涉外商事调解不仅要完成与公约对接,具备走出去的实力,而且应当展示中国特色法治魅力。

我国涉外商事调解面临的挑战和问题在与诉讼、仲裁等争议解决方式的对比中更加明显,在坚持统筹推进国内法治与涉外法治的战略背景下更加清楚,在中国特色法治体系构建中具体规则和制度的细化设计更加具体。

一、商事调解立法的空白与立法必要性问题

中国目前尚未建立先进完善的商事调解法律制度，涉外商事实践仍处于萌芽阶段。① 国际范围的商事调解立法对我国提出了迫切性挑战。在不到 20 年的时间内，国际范围内关于商事调解的立法经历了从示范法到公约的成功蜕变。2002 年联合国国际贸易法委员会（UNCITRAL）制定了《国际商事调解示范法》（*Model Law on International Commercial Conciliation*），但是，该示范法并没有包括调解和解协议的统一执行机制。2014 年，国际贸易法委员会开始制定国际商事解决协议可执行性的多边公约。2018 年 2 月 2 日，第二工作组宣布执行公约草案和修正案已经准备就绪。2018 年 12 月 20 日，联合国大会通过了《新加坡调解公约》（*Singapore Convention on Mediation*），目前该条约已经生效。从示范法到公约的转换，美国等发达国家客观上起到了引领作用。尽管中国也全程参与了《新加坡调解公约》并提出诸多宝贵建议；但是很明显，中国在涉外法治战略中的角色和主动性还需要加强，中国国内商事调解法治建设的国际领先性和涉外法治软实力还需要落地。

从国内立法看，《民事诉讼法》中有关调解的内容对于诉调对接和在诉讼中发挥调解作用不可或缺，但是，对于构建涉外商事调解制度却很难胜任；而且，因其具有很强的公法属性，与商

---

① 黄一文，王婕. 新加坡商事调解制度的发展及其启示 [J]. 商事仲裁与调解，2020（03）：89.

事调解或涉外商事调解的属性差别较大。《仲裁法》中调解条款也较少，对于配合仲裁解决方式以及仲裁调解对接同样具有重要意义，但是该法标题就决定了《仲裁法》也无法承担较多规定调解制度的使命。《人民调解法》的宗旨在于完善人民调解制度，规范人民调解委员会的活动，很难通过小修小改对涉外商事调解起到制度构建作用。《农村土地承包经营纠纷调解仲裁法》将调解作为单章进行规定，兼顾调解与仲裁，但是该法的宗旨明显在于公正、及时解决农村土地承包经营纠纷，与涉外商事调解距离较远。《劳动争议调解仲裁法》也将调解进行单章规定，并与仲裁相并列，但是该法的立法宗旨在于公正及时解决劳动争议。以上两部法律尽管将调解与仲裁并列规定，但是涉及调解的事项具有特定性，不具有争议解决程序法上的普遍价值。因此，从法律制定方案上看，如果不是大幅度修改《仲裁法》并形成《调解仲裁法》，最简单有效和最具有公约落地价值的方式就是制定单独的《调解法》或《商事调解法》，在调解法中确立独立的涉外商事调解制度。

  最高人民法院大量司法解释的出台使得商事调解问题上升为法律或行政法规的必要性陡增。在《新加坡调解公约》生效的背景下，调解公约可以采取在诉讼法中加以约束的方式，这也是目前大多数发达国家采用的方式。我国也不例外，但又不仅如此。习近平总书记多次强调加强涉外领域立法，推动我国法域外适用的法律体系建设，加快形成系统完备的涉外法律法规体系。中国在国际社会中的大国责任，在涉外商事争议解决和涉外商事调解中是否需要发挥引领作用？商事调解专门立法是否可以成为《新加坡调解公约》落地的重要抓手？这是迫切需要回答的立法路径选择问题。

二、涉外商事调解的法律地位、公信力和权威性问题

涉外商事调解的法律地位，本质上内生于国内对于商事调解的法律确认。如果国内对于商事调解没有明确的法律确认，则涉外商事调解的公信力便会失去支撑力。涉外商事调解的公信力和权威性属于商事调解法律认可的范畴，是在客观法律效力基础上的内心确信以及外在展现，是国民对于商事调解的普遍性和整体性认可。

涉外商事调解的法律地位、公信力和权威性问题可以细分为三个方面：第一，商事调解法律地位、公众认知和信任度缺乏；第二，商事调解达成的和解协议或者类似文件的法律效力问题；第三，商事调解员的法律地位问题。

（一）商事调解的法律地位、公众认知和信任度缺乏

商事调解的法律地位问题本质上是商事调解能否作为独立的争议解决渠道在法律上加以承认的问题。诉讼渠道的司法公信力毫无异议，仲裁也有专门的法律和1958年《纽约公约》做保证，但是，商事调解本身却没有专门国内立法可以调整。《民事诉讼法》第八章"调解"对调解原则、组织形式和调解协议等作出了规定，《仲裁法》中的调解只涉及仲裁调解和调解书等较少内容。从法律解释来看，这些调解应当包括商事调解在内，但是很明显，与商事调解制度在基础、内容和特色上有很大不同。在这种背景下，《新加坡调解公约》的诞生恰逢其时，但是该公约目

前尚未得到我国批准。

(二) 商事调解达成的和解协议的法律效力

商事调解达成的和解协议或类似文件本质上仍然属于民间合同性质。根据最高人民法院《关于建立健全诉讼与非诉讼相衔接的矛盾纠纷解决机制的若干意见》（法发〔2009〕45号）第十条，经商事调解组织、行业调解组织或者其他具有调解职能的组织调解后达成的具有民事权利义务内容的调解协议，经双方当事人签字或者盖章后，具有民事合同性质。民事合同的效力与判决书、裁定书以及其他法律文书的效力差别巨大。

(三) 商事调解员的法律地位

专门商事调解法以及相关立法的缺乏使得商事调解员的地位处于空白状态，社会承认度也较低。这里以具有代表性的中国法学会中国法律咨询中心调解中心和中国贸促会调解中心为例加以说明。作为全国第一家主要以法学界、法律界专家学者担任调解员的调解中心，中国法学会中国法律咨询中心调解中心于2013年成立。该调解中心侧重于民商事争议调解，调解中心队伍依托中国法律咨询中心专家委员会和各专业委员会，[1] 调解员整体水平毋庸置疑，但是，在调解员队伍建设和调解员培训上还需要付出更多努力。目前，中国贸促会调解中心初步建立了调解员体系，但是整体上调解员的数量和认证认可体系还需要进一步规范。与

---

[1] 中国法律咨询中心调解中心成立 [EB/OL]. (2019-03-03) [2024-03-05]. http://zxzx.chinalaw.org.cn/portal/article/index/id/2376.html.

法官、仲裁员不同,商事调解员身份地位没有得到法律确认,严重影响了商事调解的公信力。总体上,目前我国调解机构在调解员资质、产生过程和队伍建设上还存在诸多需要改进之处。

三、涉外商事调解机制的认同及与其他机制的对接问题

随着民众权利保护意识的增强,"法庭上见""以法院判决为准"等理念已经是渗入普通民众纠纷解决中的普遍思维中。诉讼对于争议的解决以国家强制力为后盾,以公平正义为追求,具有解决争议的彻底性和终局性。与诉讼相比,仲裁因其自愿性、独立性、保密性、迅捷性和一次终局性著称,并因1958年《纽约公约》在裁决的承认和执行方面具有无可比拟的优势,因此,仲裁以更加专业地解决国际经贸纠纷而受到国际社会的普遍青睐。与诉讼和仲裁相比,商事调解的特点也非常突出。商事调解比仲裁更加灵活高效,问题解决更具有彻底性,当事人争议解决后的商业关系维持最好。因此,商事调解可以与诉讼和仲裁一起构成"三驾马车"。但是,无论是知名度还是信任度,商事调解和涉外商事调解都需要进一步加强。

涉外商事调解的运行机制目前主要体现在商事调解独立运行机制的缺失以及与其他争议解决方式和机制的对接两方面。

(一)商事调解独立运行机制的缺乏

商事调解是否需要确立独立的运行机制?无论是替代性争议解决机制,还是多样化争议解决机制,调解都是不可或缺的争议

解决途径。而从中国历史看，以"和"为内核价值的调解方式具有源远流长的文化传统和理念传承。但是，考虑到中国在长期封建社会历史中极为发达的刑法传统及其对商事争议传统的树荫效应，考虑到商事调解在本质上的私自解决和民间解决属性，在世界各国已经普遍将仲裁确立为非官方解决方式的前提下，商事调解或者调解本身是否有必要作为独立的争议解决方式在法律上加以单独确认？恐怕立法者、法院和法官以及学界专家都有各自的立场和理由，这也是目前很难在短时间内完全达成共识的一个问题。调解或者商事调解必不可少，但是有没有必要单独将商事调解独立化，确实是在法律理念和法律技术上都会有争议的敏感问题。从我国目前的立法实践看，2011年施行的《人民调解法》在于解决民间纠纷并减轻诉累，不能也无法承担涉外法治视角下的商事调解功能；而从诉讼法律的制定和修改看，商事调解也无法获得独立的地位。因此，或许对于商事调解是否需要单独立法尚有诸多争议，但亟须确立具有独立性的商事调解机制本身。

（二）商事调解的机制对接问题

商事调解作为诉讼对比视角下的非强行运行机制以及仲裁对比视角下的边缘运行机制，应该得到重视，其在理论中的重要地位和实践中的边缘地位这种错位状况下应尽快统一。与其他争议解决方式相比，调解的优势非常明显。涉外商事调解应当与其他争议解决机制一起，承担起商事争议解决的重要职能。基于此，涉外商事调解应当如何启动，应当如何与其他方式在替代性争议解决方式中共同发挥作用，应当如何发挥最佳性能和效益，这是在商事调解与其他争议解决方式匹配时应当考虑的重点。

从诉讼视角看，调解作为柔性和弱程序性方式，完全可与诉讼实现完美搭配，而且目前我国诉讼法语境下调解的作用也越来越强。但是，商事调解的独立性作用还需要进一步强调，涉外商事调解的国际争议解决功能更需要在涉外法治战略中得到加强，商事调解的诉前对接机制还没有最后得到法律确认，目前还停留在商事调解机构与法院的试点对接阶段。从争议解决的始端和终端两头看，商事调解对法院诉讼的分流以及商事和解协议在法院中的承认和执行，都需要从法律层面得以确认。

从仲裁视角看，仲裁与调解一样具有民间性、效率性等特征，仲裁程序中调解的作用也越来越强；但是调解作为仲裁边缘角色的地位仍然非常突出。在我国早期的涉外业务以及争议解决中，涉外商事调解也往往是作为涉外仲裁不能解决争议时的最后选择。因为缺乏更多的商事调解机构，中国贸促会及地方分会往往承担着重要的涉外争议调解功能，但在某种程度上，商事调解的争议解决选择位序以及地位认同的确处于次要位置。

四、涉外商事调解的法律冲突问题及区际法律冲突问题

涉外商事调解的法律冲突主要分为涉外调解所涉国家或地域的静态法律制度冲突以及动态法律运行冲突。前者属于规则和制度确立层面，属于专家、学者、法律和政策制定者要解决的问题；后者属于规则和制度的执行层面，属于调解员在涉外调解实

践中在前者基础上要解决的问题。

涉外商事调解的法律冲突可以中国内地—香港—澳门为缩影来进一步阐释。在政治层面，香港与澳门都属于中国不可分割的组成部分；在法律层面，内地、香港与澳门却因为不同的制度安排和法系法域问题而呈现出多样性和复杂性。中国内地、香港、澳门涉及三大法域和法系：内地的社会主义法系、澳门的大陆法系和香港的英美法系。澳门所属的大陆法系和香港所属的英美法系为当今世界主要的两大法系，在法的渊源、法的制定、司法和法律推理等诸多方面有较大差别。尽管两大法系有融合趋势，而且社会主义法系也兼容大陆法系和英美法系的一些法律制度，但在总体上，这种法律制度上的巨大差异是涉外商事调解首先要重视的法律问题。在调解机制的选择上，到底是采取统一调解规则方式还是采用区际法律冲突解决方式？规则层面的问题宏观上涉及法系法域在商事问题上的妥协和超越，微观上涉及规则制定者的法律素养、表达技巧和表达水平。笔者在起草内地、香港和澳门联合调解规则的过程中，深感与香港和澳门方面在对法律制度的理解以及文字表述体系上细微而又难以逾越的鸿沟。

涉外调解中的动态法律运行冲突问题是比较深层次的问题，是静态规则冲突的进一步延伸。涉外商事调解即使采用统一的调解规则，不同国家或地区的调解员在具体理解上也存在差异，这在客观上直接影响了商事调解当事人及调解效果，并且会加剧调解过程中的冲突，甚至造成调解期间的拖延，增加和解协议达成的难度。来自不同法域的调解员在具体调解过程中产生的或多或少的冲突，因为是在执行层面产生，或许不可能有明确统一的规则加以解决。这种具体执行和最终问题解决层面的法律冲突反过来也会影响涉外商事调解的影响力和争议解决机制优越性的呈现。

五、我国商事调解的调解员资质及队伍建设问题

我国商事调解员在资质、数量和素质方面都面临极大挑战。近年来，我国涉外法律服务业有了长足发展，但同快速增长的需求并不相配。① 面对涉外商事调解这种需要努力推荐和大范围推进的体制机制建设问题，专门人才和队伍建设是涉外商事争端解决机制最后能否落地的关键。缺少商事调解人才、机构和队伍，涉外商事争端解决机制建设更多是纸上谈兵。

首先，商事调解员从哪里来的问题。目前，我国诸多调解机构中，知名专家、行业领袖、业界翘楚和协会学会领导等组成的高端专业调解队伍已经构成商事调解人才体系建设的塔尖。但是这一体系的构建还需要专业基础人才的建设，没有大量高素质的基本调解员队伍，商事调解便无法真正承担普遍性商事争议解决任务。所以，除了聘请高端人才和智库专家以外，商事调解体系金字塔的塔基和中坚人才建设亟须加强。

其次，什么样的人可以成为调解员？这个问题可以进一步分解为两个相互关联的问题：第一，调解员的级别；第二，不同级

---

① 中央宣传部、中央依法治国办组织．习近平法治思想学习纲要［M］．北京：人民出版社，学习出版社，2021.

别调解员的资格和素质要求。这就是商事调解调解员的分级与资质建设问题。一些商事调解比较发达的国家，如英国和新加坡等，都建立了自己的调解员体系。目前，我国法律中并没有类似法官这样体系化的调解员队伍规定，不同级别的调解员的素质和要求也仍然处于空白状态。如何结合中国的调解实践和国情，设置中国自己的调解员级别并确定相应的素质条件，是建设调解员队伍的前提。

再次，商事调解员与律师的关系应当怎样构建？从全球范围来看，律师从事商事调解业务是不存在任何问题的，但是这并不意味着律师资格本身等同于调解员。一名律师应当满足什么条件才能具备调解员资质？律师与其他法律从业者在调解员资格的转换上是否遵循同样的标准？

最后，商事调解员的培训和认证问题。目前我国调解员的产生有不同渠道，也有不同体系和认证。既有来自法院系统的调解员，也有来自仲裁机构的调解员，还有来自专门行业组织的调解员以及其他系统的调解员，不同调解系统有不同认证标准和门槛，这些标准和认证能否统一？能否在统一性和规范性上真正展示中国在涉外商事调解上的整体实力和影响力？调解员培训在世界各国调解员认证中都是必要环节，欧洲 IMI[1]、英国 CEDR[2]、美国 AAA-ICDR、新加坡 SIMI[3] 和南美洲 ICFML（Instituto de

---

[1] 关于IMI—国际调解研究所，[EB/OL]．[2024-02-25] https://imimediation.org/zh-CN/about．

[2] Dispute Resolution. Conflict Management & Mediation Services - CEDR [EB/OL]．[2024-03-05]．https://www.cedr.com．

[3] SIMI. About SIMI [EB/OL]．[2024-03-05]．https://www.simi.org.sg．

Certificação Formação Mediadores Lusófonos)① 都建立了非常著名的调解员培训制度。中国贸促会调解中心、上海经贸商事调解中心、全国工商联和中国法学会等机构各自也正在为商事调解培训进行建设，但仍然面临诸多系统性问题。

---

① ICFML-Instituto de Certificação e Formação de Mediadores Lusófonos [EB/OL]. [2024-03-05]. https://icfml.org.

第五章

我国涉外商事调解机制的法治镜鉴

现代调解在西方国家的勃兴从另一个角度告诉我们：在中国调解制度的现代化过程中，固然要保持中国调解的传统和特色，充分考虑中国传统文化和法律文化对域外经验的接纳程度，但也要注重学习西方国家经验。其实，我国一直强调在调解发展中要处理好立足中国国情和借鉴国外经验之间的关系，只不过在具体操作时有意无意地偏向了前者。[①] 国际商事调解镜鉴的目的不在于某些法律规则和法律制度上的"拿来主义"，而在于它是中国特色涉外商事调解机制的自鉴之镜，也是我国涉外商事调解机制国际对接中制度设计的重要考量基础。

作为历史最为悠久、植根最为深厚的争议解决方式，调解真正受到立法重视却是在诉讼与仲裁之后。尽管如此，这并不

---

① 娜嘉·亚历山大. 全球调解趋势 [M]. 王福华，等译. 北京：中国法制出版社，2011：译者序.

表明调解不具有强大的民间生命力和受欢迎程度。从历史上看，全球范围内，从争议解决的正义性、公平性和彻底性来审视，权威、权力、国王（皇帝）、国家等至高性和绝对性因素最为重要。因此，国家视角下的诉讼法律制度建设具有天然优先性，仲裁则因为中世纪商人法进入国家认可立法模式下而得到延续和复兴。探索调解为什么最后才在立法上得到重视是一个严肃的科学命题，因为这与调解为什么在当前背景下受到高度重视密切相关。

联合国国际贸易法委员会对于全球商事调解法治和现代调解运动的推动具有里程碑性质。《新加坡调解公约》即是国际调解运动中的标志性事件。国际投资争端解决中心对于国际直接投资争议的多层调解的规定富有特色，突破了当事方之一或双方都不是 ICSID 成员国的禁锢。世界知识产权组织则在知识产权领域建立起权威的 ADR 与调解机制。

国别视角下，选择哪个国家的调解制度进行镜鉴，不完全在于目前哪个国家的调解制度体系最全最完整，也不在于这一制度体系先进程度的全球排名，而在于是否能为我所用以及在何种意义上使用。在全世界对调解制度益加重视之时，国别选择以及制度决策则更为重要。本书选取德国、美国、新加坡和日本的调解制度加以探析。

德国的法律文化中浸淫着耶林"为权利而斗争"的精神，欧盟指令的贯彻也不需要德国大刀阔斧的专门立法就能实现。但是德国仍然以刀刃向内的革命突破精神进行全新立法，作为大陆法系代表的民法、商法和经济法立法引领精神再次显现，这种背景下的德国《调解法》值得我国重视。

美国是全球 ADR 运动的倡导者和引领者。美国拥有完善的 ADR 立法和调解立法，世界著名的 ADR 服务机构 AAA 和 JAMS 始终坚持对现代调解规则和调解公约的推动。而且，从中国视角看，某种程度上，美国调解道路的模式和某些教训可以成为中国赖以创新的反面之鉴。

新加坡以锐意改革的方式和为全球服务理念打开世界在商事调解领域对这个国度的再度审视。新加坡在传统上吸收中华文化，与中国有相通之处，但又吸收英美法系之精华，专门进行商事调解单行立法，将调解公约的签订落地本国并以新加坡命名。新加坡在商事调解领域的成就和运作值得中国瞩目。

深受中国影响，日本拥有长达千年的调解文化。紧跟美国，日本调解立法与 ADR 立法共同促进。在《新加坡调解条约》生效后，日本又跟随新加坡，成为大国中为数不多的公约成员国。自古至今，日本始终不断学习，在 ADR 和调解法领域取取得举世瞩目的成就。

一、国际组织对于调解机制建设的推动

（一）联合国国际贸易法委员会的持续推动

联合国国际贸易法委员会（UNCITRAL）对于国际商事调解的贡献无与伦比，40 年来，UNCITRAL 先后颁布了一系列规则、示范法、国际条约以及说明文件等软法和硬法性质的国际

文件（参见表5-1）。国际层面关于商事调解的真正努力来自UNCITRAL在20世纪80年代以前的调解认识和1980年《联合国贸易法委员会调解规则》的诞生。《联合国贸易法委员会调解规则》（1980年）为调解程序提供了一套国际统一的程序规则，对各国仲裁和调解机构调解程序的统一做出了重要贡献，后来，该规则进一步修订为《联合国贸易法委员会调解规则》（2021年）。除了调解规则外，UNCITRAL又制定了《国际商事调解示范法》（2002年），并且进一步修订成为《国际商事调解和通过调解达成的国际和解协议示范法》（2018年）。该示范法补充和完善了后来于2019年8月7日在新加坡开放签署并于2020年9月12日生效的《新加坡调解公约》。最后，UNCITRAL还通过《调解说明》（2021年）来解释说明组织调解程序。[①] 可以说，没有联合国国际贸易法委员会的不断引领和推动，世界各国对国际商事调解认识的提升和进步不可能如此迅速和统一。

表5-1 UNCITRAL颁布的商事调解文件

时间	名　称	立法级别
2018年	联合国关于调解所产生的国际和解协议公约	公约
2002年	国际商事调解示范法	示范法
2018年	联合国贸易法委员会国际商事调解和调解所产生的国际和解协议示范法	示范法
2021年	联合国贸易法委员会调解安排说明	解释性法规

---

① United Nations Commission On International Trade Law. International Commercial Mediation [EB/OL]. [2024-05-05]. https://uncitral. un. org/en/texts/mediation.

续表

时间	名　　称	立法级别
1980 年	联合国贸易法委员会调解规则	合约性法规
2021 年	联合国贸易法委员会调解规则	合约性法规

UNCITRAL 对于签署调解公约的推动和努力，成为人类争议解决文明的重要里程碑。2018 年 12 月通过的《新加坡调解公约》适用于调解产生的国际和解协议，为援引和解协议的权利及其执行建立了一个统一的法律框架。截至 2024 年 5 月，公约签字成员国和地区已达 58 个，其中新加坡、日本等 14 个国家已经正式成为公约成员。[①] 该公约是便利国际贸易和促进调解作为解决贸易争端的替代和有效方法的工具。作为一项具有约束力的国际条约，它将为国际调解框架带来确定性和稳定性，并有助于实现可持续发展目标。《新加坡调解公约》与《国际商事调解示范法》和其他调解文件高度一致和统一，也为各国立法提供了灵活性的选择：要么将公约和示范法作为单独法律文本，要么将公约和示范法作为调解法律框架的补充文本。[②]

（二）国际投资争端解决中心的多层次特色调解

国际投资争端解决中心（The International Center for Settlement of Investment Disputes，ICSID）是依据《解决国家与他国国民间

[①] United Nations Commission On International Trade Law. Status：United Nations Convention on International Settlement Agreements Resulting from Mediation [EB/OL]. [2024-05-05]. https://uncitral.un.org/en/texts/mediation/conventions/international_settlement_agreements/status.

[②] United Nations Commission On International Trade Law. United Nations Convention on International Settlement Agreements Resulting from Mediation（New York，2018）（the "Singapore Convention on Mediation"）[EB/OL]. [2024-03-05]. https://uncitral.un.org/en/texts/mediation/conventions/international_settlement_agreements.

投资争端公约》（Convention on the Settlement of Investment Disputes between States and Nationals of Other States，简称《ICSID 公约》）而建立的世界上第一个专门解决国际投资争议的争端解决机构，是一个通过调解和仲裁方式专为解决政府与外国私人投资者之间争端提供便利而设立的机构。提交该中心调解和仲裁完全是出于自愿。国际投资争端解决中心调解委员会的作用是澄清当事方之间的争议问题，并努力达成双方都能接受的协议。调解委员会由一名调解人或任何奇数名调解人组成。在调解过程中，委员会可要求提供解释、文件或其他信息，联合或单独与各方联系，并访问与争端有关的任何地方。调解各方必须相互合作并与委员会合作，提供所有相关的解释、文件或其他信息，并为实地考察提供便利。

1. ICSID 调解服务的三个层次及程序

ICSID 目前的调解业务分为三个层次，在国际组织的争议解决中极具特色。第一个层次，ICSID 中心原有调解业务，适用的法律依据是《ICSID 公约》、《ICSID 调解规则》（ICSID Conciliation Rules）和《ICSID 行政和财务条例》（ICSID Administrative and Financial Regulations）。第二个层次，ICSID 附加调解程序，适用的法律依据是《ICSID 附加服务规则》（ICSID Additional Facility Rules）、《ICSID 附加服务行政和财务条例》（ICSID Additional Facility Administrative and Financial Regulations）、《附加服务调解规则》（Additional Facility Conciliation Rules）。第三个层次，ICSID 专门调解程序，适用的法律依据是《ICSID 调解规则》（ICSID

Mediation Rules[①]）和《ICSID 调解行政和财务条例》（*ICSID Mediation Administrative and Financial Regulations*）。

2. ICSID 公约调解（ICSID Convention Conciliation）

ICSID 公约调解适用率比较低，迄今为止，ICSID 受理的调解案件总共只有 13 起，远远无法与仲裁相比。并且，其中只有 2 起案件适用《ICSID 公约》下的调解规则，11 起适用《附加服务调解规则》。

ICSID 公约调解是 ICSID 中心最初既有调解业务范畴，与仲裁业务相对。《ICSID 调解规则》适用于根据《解决国家与他国国民间投资争端公约》第 33 条进行的任何调解程序。2022 年《ICSID 调解规则》共分总则、委员会的设立、调解人的资格取消和空缺、调解的进行和调解的终止等五章 39 条。《ICSID 调解规则》由中心行政理事会根据《ICSID 公约》第 6 条第 1 款（c）项通过，并由《ICSID 行政和财务条例》进行了补充。这些也构成了 ICSID 公约调解的法律基础。与原有调解规则相比，修改后的 2022 年调解规则更透明、更节约成本、更省时、更环保。[②]

[①] 需要注意的是，conciliation rules 和 mediation rules 在此处都翻译为"调解规则"。但在国际范围内，conciliation 和 mediation 在立法中的区别一直存在较大争议。就中文翻译而言，这两个词语无论是翻译为"调解"还是"调停"，都无法改变这种争议事实本身。《新加坡调解公约》的制定过程也充满了这种争议，但是公约本身使用 mediation 术语，客观上对术语含义的澄清和统一使用会起到巨大促进作用。尽管如此，在 ICSID 范畴内，conciliation 和 mediation 在适用范围、是否需要事先签订有调解协议、随时单方面退出、调解员数量及任命方式、调解员角色、保密和调解程序等方面都存在显著差异。二者的具体区别参见 ICSID. Key Differences between Mediation and Conciliation at ICSID［EB/OL］.［2024-03-05］. https://icsid.worldbank.org/rules-regulations/mediation/key-differences-between-mediation-and-conciliation.

[②] HARUTYUNYAN M. The revised ICSID rules: a further step towards transparency and efficiency［R］. ASA Bulletin, 2022.

ICSID 公约调解的调解规则和制度设置对于国际投资争议解决本身而言并不友好，与普通商事调解也有较大差别。从调解小组的选任和组成看，《ICSID 公约》规定，每个成员国都有权指定最多四人进入调解专家小组（《ICSID 公约》第 12 至 16 条）。ICSID 对每个国家指定调解员和调解员的任职资格都有严格要求。① 此外，ICSID 行政委员会主席可为每个小组指定最多 10 人。会员国的被指定者可以是任何国籍，任期六年，可连任，并可同时在两个小组任职。调解员名册中的调解员可供 ICSID 法庭、调解委员会和仲裁委员会挑选组成临时委员会或特别委员会。当双方无法就被提名人达成一致时，可以启动最常用小组名单进行任命。从调解的终止看，和解协议的达成并不是调解结束的标志，ICSID 公约调解一般以报告和中止令（discontinuance order）结束。根据 2022 年《ICSID 调解规则》，调解可在委员会发布报告后终止（《ICSID 公约》第 34 条，调解规则 35 到 37）或委员会成立前发布中止令（调解规则 34）。如果双方未能支付所需预付款，调解也可能终止（行政和财务条例 16）。

3. ICSID 附加服务调解（Additional Facility Conciliation）②

ICSID 附加服务为《ICSID 公约》范围之外的某些争端提供

---

① ICSID. Considerations for States in Designating Arbitrators and Conciliators to the ICSID Panels [EB/OL]. [2024-03-05]. https://icsid.worldbank.org/sites/default/files/Considerations_for_States_on_Panel_Designations.pdf.

② 有学者翻译为补充程序调解，也有学者翻译为"附加便利调解"。参见漆彤. 投资争端解决机制现代化改革的重要里程碑：评 2022 年 ICSID 新规则 [J]. 国际经济评论，2023（03）：51-67.

仲裁和调解。ICSID 附加服务调解的法律依据主要有三个：《ICSID 附加服务规则》《附加服务调解规则》《ICSID 附加服务行政和财务条例》。在当事方之一或双方都不是 ICSID 成员国或 ICSID 成员国国民的情况下，可以对投资争端进行仲裁或调解。具体而言，该类调解适用于解决一国或区域经济一体化组织（REIO）与另一国国民之间因投资而产生的法律争议，双方书面同意在下列情况下提交该中心：①争端当事人都不是《ICSID 公约》缔约国或缔约国的国民；②只有争端一方是缔约国，或者只有争端一方的所在国是缔约国；③争端一方为区域经济一体化组织（REIO）。由于《ICSID 公约》未涵盖此类争议，《ICSID 公约》的任何条款均不适用于附加服务调解。因此，这一补充机制不同于《ICSID 公约》规定的仲裁和调解，后者要求各方为 ICSID 成员国和成员国国民。相对《ICSID 公约》原有成员国调解而言，ICSID 附加服务调解是一种附加调解服务和特色调解服务。

4. ICSID 专门调解业务

根据 ICSID 数据，在过去 25 至 30 年间，投资协定中逐渐出现了在争端解决条款中明确规定友好解决争端的趋势。在过去十年中，作为友好解决争端手段的调解规定有所增加。一般来说，包含友好争议解决方法的投资协定条款可以分为五类：①带有友好解决期限的条款，以及可能在仲裁前寻求"友好解决"的明确指示；②明确允许在仲裁前通过调解或者其他友好方式解决争议的条款；③积极鼓励在友好解决/"冷静期"使用调解或其他友好解决争端机制的条款；④规定仲裁前调解或其他友好争议解决机制的条款；⑤允许随时调解的条款（即独立调解）。①

为了更好地促进投资者与国家之间的调解，ICSID 于 2018 年开始制定一套新的调解规则。一旦 ICSID 成员国批准，ICSID 调解规则会成为第一个专门为投资纠纷设计的机构调解规则。ICSID 这套调解规则将补充 ICSID 既有的仲裁、调解和事实调查规则，既可独立使用，也可以与既有的仲裁、调解或事实调查结合使用。这就是 ICSID 专门调解。

ICSID 专门调解业务通过《ICSID 调解规则》和《ICSID 调解行政和财务条例》进行规定，大大增强和补充了 ICSID 原有的仲裁和调解业务，适应了国际商事争议解决的柔性化趋势。2022 年，ICSID 制定了新的调解规则《ICSID 调解规则》，标志着第一个专门为投资纠纷设计的机构调解规则产生。该规则自 2022 年 7 月 1 日起施行，补充了 ICSID 现有的仲裁、调解和事实调查规则，可以独立于仲裁程序使用，也可以与仲裁程序结合使用。与 ICSID 公约下的调解和仲裁程序不同，ICSID 新调解程序的当事方不需要是缔约国或另一缔约国的国民。本调解规则适用的范围和前提条件是：投资争端国际中心秘书处有权管理与投资有关的调解，涉及国家或区域经济一体化组织（REIO），当事人书面同意提交给中心。凡提及一个国家或 REIO 时，包括该国家的组成部门或该国家的一个机构或 REIO。国家或 REIO 必须批准作为调

---

① ICSID. Overview of investment treaty clauses on mediation [EB/OL]. (2021-07) [2024-03-05]. https://icsid.worldbank.org/sites/default/files/publications/Overview_Mediation_in_Treaties.pdf.

解一方的组成部门或机构的同意，除非有关国家或 REIO 通知该中心无须此类批准。除了《ICSID 调解规则》外，《ICSID 调解行政和财务条例》还对该调解规则的案件管理和费用支付等事项进行了规定，该条例适用于根据《ICSID 调解规则》进行的调解，由中心行政理事会根据《ICSID 公约》第 7 条及《ICSID 调解行政和财务条例》第 7 条通过。

(三) WIPO 仲裁与调解中心的 ADR 与调解机制

WIPO 仲裁与调解中心（世界知识产权组织仲裁与调解中心）是世界知识产权组织国际局框架下解决知识产权和技术争端的非营利性国际争议解决机构。WIPO 仲裁与调解中心成立于 1994 年，旨在为私人当事人之间的国际商事争议提供调解、仲裁、快速仲裁和专家裁决等替代性争议解决（ADR）服务。WIPO 仲裁与调解中心也是全球领先的域名争议解决服务机构。WIPO 仲裁与调解中心是国际商业仲裁机构联合会（IFCAI)[1] 的成员。

---

[1] 国际商业仲裁机构联合会（International Federation of Commercial Arbitration Institutions，IFCAI）成立于 1985 年 6 月，由全球 52 个成员组织组成。IFCAI 的目标是在商业仲裁机构之间建立和保持永久关系，促进就仲裁和调解的所有方面广泛交流信息，鼓励负责任地使用这些争议解决技术，并促进成员组织服务信息的交流。根据 IFCAI 章程，IFCAI 涵盖商业和投资仲裁机构，仲裁和 ADR，寻求促进对仲裁和 ADR 有更好理解，以及机构在提供冲突管理程序方面的重要作用，共同努力加强成员机构的绩效，保护机构的完整性，促进国际仲裁的多样性。IFCAI 的定期会议是讨论和规划该领域共同关心的问题的重要论坛：IFCAI 理事会大约每年举行一次会议，而 IFCAI 大会每 12~18 个月举行一次会议。另外，IFCAI 每两年组织一次国际会议，旨在关注仲裁领域的关键问题、最佳实践和新解决方案。这些会议汇集了经验丰富的仲裁员、法律顾问和公司律师，传授卓越的专业知识并分享他们来自世界各地的宝贵经验。详细内容和介绍可以参见 https://www.ifcai-arbitration.org/about-ifcai/。

WIPO 的 ADR 程序力求为当事方和解创造积极的机会。WIPO 仲裁和调解中心目前已经处理了约 1350 起 WIPO 替代性争议（包括调解、仲裁和专家裁决）案件。迄今为止，70% 的 WIPO 调解案件和 33% 的 WIPO 仲裁案件以双方和解告终。[①] WIPO 替代性争议解决案件通常出现在以下类型的争议中：许可协议（如商标、专利、版权、软件）、研发协议、技术转让协议、分销协议、特许协议、信息技术协议、数据处理协议、合资协议、咨询协议、艺术品营销协议、数字版权、电视分布和格式、电影制作和版权集体管理等。在向 WIPO 中心提交的调解、仲裁和快速仲裁案件中，约有 30% 包含升级条款，规定在没有达成和解的情况下，在 WIPO 调解之后进行 WIPO 仲裁或快速仲裁。

WIPO 还积极与各地政府进行合作，建立联合调解机制。知识产权组织-新加坡东盟调解方案（*WIPO-Singapore ASEAN Mediation Programme*）就是 WIPO 与新加坡政府合作的调解项目。作为 WIPO 和新加坡政府合作的一部分，东盟各方受益于 AMP（ASEAN Mediation Programme）。该方案为 WIPO 仲裁和调解中心新加坡办事处管理的调解提供资金。在世界知识产权组织-新加坡东盟调解方案下，第二宗调解案件于 2024 年 1 月 16 日成功解决。根据 AMP，各方可以申请高达 8000 新加坡元的资金来调解知识产权或技术相关的纠纷或合同谈判。案例中，双方同意根据 WIPO 调解规则进行调解，并根据 AMP 申请了 8000 新加坡元的资金。双方共同商定了一名新加坡调解员。调

[①] WIPO. Caseload summary [EB/OL]. [2024-02-25]. https://www.wipo.int/amc/en/center/caseload-2023.html.

解会议持续了大约五个小时后最终达成了一项符合双方利益的圆满解决方案。①

二、德国调解法革命及单行法制定

(一) 德国调解立法的标志性与革命性

德国调解法的通过是德国程序法中的一个标志性事件。② 德国调解法的确立源于欧盟调解指令的推动。2012 年 1 月,德国颁布了《促进调解和其他法院外纠纷解决程序法》(Gesetz zur Förderung der Mediation und anderer Verfahren der außergerichtlichen Konfliktbeilegung,简称"德国《调解法》")。③ 2012 年 7 月 26 日,德国《调解法》生效。④ 该法的主要目的在于培养普通社会民众以及司法职业共同体对于调解的感知与意识,以此从根本上改善德国法律文化中悠久与浓厚的辩争色彩。⑤ 如果仅仅

---

① Trademark Mediation Case successfully settles under the WIPO – Singapore ASEAN Mediation Programme [EB/OL]. [2024-03-05] https://www.wipo.int/about-wipo/en/offices/singapore/news/2024/news_0001.html.
② 周翠. 调解在德国的兴起与发展:兼评我国的人民调解与委托调解[J]. 北大法律评论, 2012, 13 (01): 89-90.
③ Der Bundesgerichtshof – Bibliothek: Recherche in Gesetzesmaterialien – Gesetz zur Förderung der Mediation und anderer Verfahren der außergerichtlichen Konfliktbeilegung [EB/OL]. [2024-03-05] https://www.bundesgerichtshof.de/DE/Bibliothek/GesMat/WP17/M/Mediationsgesetz.html.
④ Gesetz zur Förderung der Mediation und anderer Verfahren der außergerichtlichen Konfliktbeilegung-IHK Hochrhein-Bodensee [EB/OL]. [2024-03-05] https://www.ihk.de/konstanz/recht-und-steuern/mediation.
⑤ 张泽涛,肖振国. 德国《调解法》述评及其启示[J]. 法学评论, 2013, 31 (01): 139.

是为了满足欧盟指令转化，德国其实并没有必要非要制定新法律。但是德国立法者却以此为契机，在面临诸多反对的背景下力排众议，建立起适用于各种调解的法律制度。这部单行调解法显示了德国促进和普及调解制度的决心和理念，具有较为重要的规范意义、示范意义以及较为深远的教育意义和法律视野。

德国的调解法立法改革在与大陆法系另一个代表国家法国相比时更加明显。法国1995年修订的《法国民事诉讼法典》增设了独立调解员制度，将调解制度纳入司法体系。法国2018—2022年方案编制和司法改革的内容之一即为完善民事调解程序，[1] 将调解程序贯穿各诉讼阶段外，并设置小额诉讼案件和邻里诉讼案件的诉前调解。法官可在审判时自行组织当事人调解，也可以授权司法调解员主持调解。根据2019年3月23日关于第2019-222号法律第2节，司法调解中，任何情况下，包括在法院认为有可能友好解决争端的情况下，法官未征得当事人同意可命令他们会见指定的调解员。调解人应向各方通报调解措施的目的和进展情况。[2] 根据1995年关于法院组织和民事、刑事和行政程序的第95-125号法律至法国2022年2月25日第2022-245号法令，法国从司法角度努力促进调解，执行

---

[1] LOI n° 2019-222 du 23 mars 2019 de programmation 2018-2022 et de réforme pour la justice（1）-Légifrance［EB/OL］.［2024-03-05］https://www.legifrance.gouv.fr/loda/id/LEGIARTI000038262746/2019-03-25/.

[2] Loi n° 95-125 du 8 février 1995 relative à l'organisation des juridictions et à la procédure civile, pénale et administrative-Légifrance［EB/OL］.［2024-03-05］https://www.legifrance.gouv.fr/loda/id/LEGIARTI000038310305/2019-03-25/.

《司法机构信任法》。① 《法国民事诉讼法典》（Code de procédure civile）② 中第六编专门规定了"调解和调停"（第 127-131-15 条），规定了调解总则、委托给司法调解人的调解、调解文书、调解主体、调解协议的认可等内容。调解可以委托给自然人或法人。如果调解员是法人，其法律代表应提交一个或多个自然人的姓名并由法官批准。负责执行调解措施的自然人也必须符合严格的条件，③ 如同司法工作人员。从本质上讲，这种调解属于司法行政措施。与法国相比，德国无论是调解制度的立法思路，还是立法形式和内容，都远比法国来得更加彻底和富于革命性。

（二）德国调解法中的调解员培训制度

德国调解员培训制度和培训内容是德国《调解法》的重要特色。在美国，来自社区的法律人类学者和实践者是现代调解运动的催化剂，而在德国，法社会学者、前卫的法官、律师、犯罪学家和社会工作者则为调解提供了最初的动力。④ 德国《调解法》

---

① Décret n° 2022-245 du 25 février 2022 favorisant le recours à la médiation, portant application de la loi pour la confiance dans l'institution judiciaire et modifiant diverses dispositions-Légifrance [EB/OL].[2024-03-05] https://www.legifrance.gouv.fr/loda/id/LEGIARTI000045245987/2022-02-27/.

② Titre Ⅵ：La conciliation et la médiation（Articles 127 à 131-15）-Légifrance [EB/OL].[2024-03-05] https://www.legifrance.gouv.fr/codes/section_lc/LEGITEXT000006070716/LEGISCTA000006117226/#LEGISCTA000030360395.

③ 自然人应当符合下列条件：①没有根据《犯罪记录公报 2》被定罪、丧失行为能力或丧失行为能力；②没有犯有违反荣誉、诚信和良好道德的行为，因而应受到开除、吊销执照或执照的纪律或行政处罚；③在当前或过去的活动中具有与争议性质有关的必要资格；④酌情说明为调解做法提供适当培训或经验的理由；⑤提供进行调解所需的独立性保障。

④ 娜嘉·亚历山大. 全球调解趋势 [M]. 王福华，等译. 北京：中国法制出版社，2011：208.

并不要求调解员一定具有法学教育背景，但是一定需要经过调解员培训。通过培训或进修，使调解员具备某些核心能力和基本技能，旨在确保调解质量，从而增强对调解的信任。如果调解员受过适当培训，则可指定为经认证的调解员。对经过认证的调解员的培训要求另行规定。调解员并非法定职业，可以由律师担任，也可以由其他职业人员担任，呈现出明显的职业复合性。德国《调解法》第5条明确要求调解员应当进行适当培训和定期进修，同时也规定了明确的培训内容：①调解的基础知识、调解进程与框架条件的知识；②谈判与沟通技巧；③冲突解决与管理能力；④调解法知识以及法律在调解中地位；⑤实践训练、角色模拟和监督管理。《调解法》第6条授权联邦司法部对调解员的培训、进修以及相应培训进修机构资质要求作出如下详细规定：①培训内容的详细规定以及必要的实践经验；②进修内容的详细规定；③培训与进修的最低学时数；④进修的时间间隔；⑤培训与进修机构聘用的师资力量；⑥培训与进修机构向参加培训与进修课程发放认证以及以何种方式发放认证；⑦培训结业；⑧本法生效前的调解员从事活动人员的过渡规定。除了对调解员培训以及培训进修机构提出要求，《调解法》第8条还要求联邦政府需要在一定时间内向联邦议院报告本法对调解在德国产生的影响以及调解员培训进修情况。

三、美国 ADR 运动的引领

美国 ADR 运动的全球引领不仅体现在 ADR 的创立、推广以及全球调解规则的国际推动，而且还体现在 ADR 规则和调解规则在行政、民商等全领域的渗透以及 AAA、JAMS 对于这些规则的落地。

(一) 美国行政 ADR

美国早在 20 世纪就设立了有关调解的政府部门，但这通常不能认为是现代商事调解的组成部分，也无法准确估计该政府部门对于美国现代商事调解的影响力。这个政府部门就是美国联邦调解和解局 (Federal Mediation and Conciliation Service)，该机构于 1947 年在华盛顿设立。联邦调解和解局是美国政府一个独立机构，为美国在全世界产业、小区和政府机构提供调解服务。[1] 20 世纪 90 年代，联邦政府倡导有效政府的新概念，内容之一就是鼓励使用 ADR 来解决政府赔偿。1996 年，国会通过了《行政争议解决法案》(ADRA)，要求每个机构都推广和使用 ADR 解决争议，并采取特定机构的 ADR 政策。1998 年，克林顿政府要求联邦机构制定政策以促进在行政纠纷中更多使用 ADR。1998 年 5 月 1 日，根据总统备忘录设立机构间 ADR 工作组 (the Interagency ADR Working Group)，旨在协助联邦机构制订和实施 ADR 计划。该工作组的成员是联邦政府各机构的 ADR 专业人员。总统任命司法部长担任机构间工作组组长。[2]如今，联邦机构将 ADR 作为预防和解决各种内部和外部冲突的重要工具。

---

[1] 杨崇森. 美国仲裁制度之新发展与全美仲裁协会之运作 [J]. 仲裁季刊, 2011 (94).

[2] Legislation and Interagency ADR Working Group-ADR.gov [EB/OL]. [2024-03-05]. https://adr.gov/about-adr/legislation-and-interagency-adr-working-group/.

(二) 美国民商事 ADR

美国对于现代商事调解和 ADR 的推动比较令人瞩目。美国对现代商事调解制度与仲裁制度的探索无法脱离美国法院的负担与压力。法院诉累成为 ADR 运动最主要的推动因素和改革动因。早在 1970 年前后，美国就开始探索替代性争议解决方式，鼓励当事人采用庭外调解、和解等方式解决纠纷。为此，美国颁布了一系列司法立法，如 1990 年颁布的《民事司法改革法》增设了法院仲裁调解程序，1998 年颁布的《替代性争议解决法》（ADR Act）要求所有联邦初审法院实行 ADR 制度，法官有权优先使用 ADR 程序，2001 年又颁布了《统一调解法》（Uniform Mediation Act，UMA）。

美国调解制度中，调解员的组成比较广泛，除了作为律师的调解员以外，还有志愿者和私人调解等。律师调解的专业性毋庸置疑，但其长期的律师素养与维护当事人权益的倾向性有可能与调解的公平性和公正性相冲突，因而也不存在律师与调解员之间直接通道，律师作为调解员也应遵守调解职业道德规范并且必须接受专业调解培训。关于调解员的资质条件，不同州的规定并不完全相同，但是对于学位、学历和能力的要求往往具有普遍性。不仅如此，在美国，调解能力的培养已经进入高等学校。高等学校法学专业会开设调解培训课程，这种调解培训方式值得我们借鉴。

(三) 美国最大的民间 ADR 服务机构 AAA 与调解机制

作为国际著名的仲裁协会，美国仲裁协会（American Arbitration Association，AAA）往往代表着最前沿的程序与规则，这些程序与规则较好地契合了法院程序与标准，因而也成为替代性争议解决（ADR）程序的基石。[1] AAA不仅代表着完善的仲裁规则，也发展出影响力较大的调解规则，即AAA-ICDR调解规则，成功地将仲裁规则与调解规则结合在一起。

美国仲裁协会（AAA）是美国最大的民间ADR服务机构。1996年，AAA成立的国际解决争议中心（International Center for Dispute Resolution, ICDR）成为集仲裁与调解于一体的美国最大的争议解决中心。AAA一直与政府保持良好的合作关系，数百项联邦、州和地方法令、法规和命令授权AAA提供争议预防和替代性争议解决（ADR）计划。[2] 经过这一系列改革，数据显示，约有70%~80%的美国民商事案件可通过调解或谈判方式最终解决。[3] AAA对于调解员有比较严格的能力要求：①任何人均可被选为调解员，但其能力及资历须为当事人满意才可。调解员应当有能力进行有效调解，调解培训、调解经验、调解技能、文化理解和其他素质是调解员必备素质和能力；②调解员应当参加调解教育及相关活动来保持和提高调解知识和技能；③调解员应向当事人提供有关自己调解培训、教育、经验和进行调解的方法的信息。如果调解员在调解过程中确定不能胜任调解工作，应在切实可行的情况下尽快与各方讨论并采取适当措施解决问题。调解员因吸毒、酗酒、药物或其他原因影响调解能力的，不得进行

---

[1] AAA court-and time-tested rules and prucedure/All Forms [EB/OL]. [2024-02-25]. https://www.adr.org/rulesformsfees? practice=28.

[2] AAA Government [EB/OL]. [2024-02-25]. https://www.adr.org/government.

[3] Thomas G. Cross-border mediation: A new solution for International Commercial Dispute Settlement [R]. NYSBA International Law Practicum, 2013, 26 (1), 38-58.

调解。除了以上调解能力要求外，AAA 对于调解员的职责也有明确要求。①

（四）全球最大的 ADR 提供商 JAMS 及 ADR 机制

美国司法仲裁调解服务公司（或美国司法仲裁调解服务中心，Judicial Arbitration and Mediation Services, Inc., JAMS）是世界上最大的私营 ADR 提供商，拥有久负盛名的中立小组，擅长调解、仲裁和 ADR 业务，提供定制化的线下、线上和混合争议解决服务。JAMS 成立于 1979 年，拥有 400 多名退休的州和联邦法院法官、律师和其他 ADR 专业人员，其中包括 ADR 系统设计专家和拥有数十年经验的案例经理。JAMS 每年平均处理 18000 起案件，从双方人身伤害调解到美国和全球其他司法管辖区的多方复杂仲裁。②

JAMS 在争议解决程序的每个阶段都提供了有效的 ADR 选项。设计争议解决方案时要考虑的选项解决程序包括以下六个方面：①定制争议解决方案。JAMS 与客户积极合作，以利益最大化方案快速解决冲突问题。②ADR 条款起草。确保商业 ADR 条款在争议解决中每个阶段都提供有效灵活的解决方案。③中立分析。考虑评估案件优势劣势并提供有价值的见解。④调解。在私人和保密环境中保持对调解结果的控制，同时努力维护客户的重要关系。⑤仲裁。选择熟练的 JAMS 仲裁员，并从卓越的案例管

---

① Microsoft Word. Model StdsConMediator090805B _3_.doc [G/OL]. [2024-02-25]. https://www.adr.org/sites/default/files/document_repository/AAA-Mediators-Model-Standards-of-Conduct-10-14-2010.pdf.

② https://www.jamsadr.com/about/.

理中受益。简化国内和国际仲裁规则程序，确保各方的保密性和公正性。⑥纪律听证及上诉。确保及时和公平的纪律聆讯和上诉程序，由独立的 JAMS 裁判进行。

JAMS 的 ADR 方案主要包括以下几个方面：①允许当事人自定义过程的仲裁（Arbitration options allowing the parties to define the process），仲裁选项允许各方定义最适合解决其争议的程序，包括定制规则、发现协议（discovery protocols）、上诉程序等。②促进式调解和评估式调解。促进式调解更依赖于当事人的意愿；评估式调解则更强调调解员的主动性，更加适合分歧较大、更加复杂以及风险更高的案件。③中性分析（neutral analysis），包括评估和模拟练习，使律师能够重新评估风险并完善策略。④提供 ADR 合同条款样本。条款约定在争议发生前进行调解或仲裁，并可定制条款内容，包括 JAMS 多样性和包容性条款内容。⑤其他特色程序，包括小型审理（mini-trial）、无约束力仲裁（non-binding arbitration）、中立专家事实调查（neutral expert fact-finding）等。小型审理是一个高度结构化、正式化和评估性的调解过程。无约束力仲裁是类似仲裁的一种咨询性听证过程，不具有约束力。中立专家事实调查通常用来帮助解决有关技术争议，可以是一个独立的无约束力程序，也可以是无约束力程序中的一部分。

四、新加坡国际商事调解的成功运作

(一) 新加坡调解立法和调解机构

新加坡既没有中国源远流长的和合文化传统，也没有美国体系完备、制度丰富的替代性争议解决机制。但是，新加坡对于商事调解改革的时机把握和行动力却无与伦比。知悉新加坡调解立法的历史（参见表5-2），并明确新加坡调解立法的动机——成为著名国际商事调解国际中心的野心和行动措施，都至关重要。

表5-2 新加坡有关调解的立法

年份	法律名称	立法级别
1997	社区调解中心法	法律
2005	社区调解中心（设立）令	附属法例
2011	妇女宪章（调解和咨询）（规定人员）规则	附属法例
2016	所得税（合格调解和合格调解员）规则	附属法例
2017	调解法	法律
2017	调解规则	附属法例
2020	新加坡调解公约法	法律
2020	最高院（新加坡调解公约）规则	附属法例

2017年新加坡《调解法》的通过，尤其是《新加坡调解公约》于2019年在新加坡的签字仪式，让新加坡成为举世瞩目的国际调解中心。2017年，新加坡第一部专门的调解法——《调解法2017》(*Mediation Act* 2017) 出台，该法旨在促进、鼓励和推动调解解决

争议以及相关目的。这在新加坡调解历史上具有无比重要的里程碑意义。此后，该法更新为 2020 年修订版，该修订版包含了截至 2021 年 12 月 1 日的所有修正案，并于 2021 年 12 月 31 日生效（参见表 5-3）。①

表 5-3 新加坡《调解法 2017》立法史

名称	草案	初读	二读	三读	生效
2017 年第 1 号法案——2017 年调解法	37/2016	2016/11/7	2017/1/10	2017/1/10	2017/11/1/（第 16 条除外）
2020 年第 4 号法案——2020 年新加坡调解公约法（根据上述法案第 12 条进行的修订）	5/2020	2020/1/6	2020/2/3	2020/2/4	2020/9/12/（第 12 条）
2019 年第 40 号法案——2019 年最高司法法院（修正）法［根据第 28（1）条和上述法案附表第 95 项进行的修订］	32/2019	2019/10/7	2019/11/5	2019/11/5	2021/1/2/［第 28（1）条连同附表第 95 项一并解读］
2021 年第 4 号法案——2021 年成文法改革法［根据上述法案第 16（4）条进行的修订］	45/2020	2020/11/3	2021/1/5	2021/1/5	2021/3/1/［第 16（4）条］日［第 16（4）条］
2020 年修订版《调解法》					2021/12/31
2021 年第 25 号法案——2021 年法院（民事和刑事司法）改革法（根据上述法案第 155 条进行的修订）	18/2021	2021/7/26	2021/9/14	2021/9/14	2022/4/1

---

① Singapore Statutes Online. Mediation Act 2017［EB/OL］.［2024-02-25］. https://sso.agc.gov.sg/Act/MA2017?WholeDoc=1.

新加坡现代商事调解法律制度形成于 20 世纪 90 年代，它在不到 30 年的时间内，将新加坡塑造成为国际著名调解中心，其运作历程和理念值得深入探索。1991 年新加坡国际仲裁中心（Singapore International Arbitration Centre，SIAC）和 1997 年新加坡调解中心（Singapore Mediation Centre，SMC）的成功运行奠定了新加坡调解事业的重要基础。2014 年新加坡国际调解中心（Singapore International Mediation Centre，SIMC）和新加坡国际调解协会（Singapore International Mediation Institute，SIMI）的成立及运行则成为新加坡商事调解国际化的重要标志。新加坡国际调解中心（SIMC）是非营利组织，旨在为亚洲企业提供量身定制的专业争议解决服务。SIMC 跨越普通法和大陆法传统，拥有 70 人的全球调解员团队和广泛的国际合作网络。SIMC 的愿景是成为跨境纠纷调解解决的亚洲首选。

（二）新加坡多元调解机制

新加坡的多元争议解决机制体现在诉讼—调解—诉讼机制和仲裁—调解—仲裁机制中。

新加坡在商事争议解决方面建立了诉讼—调解—诉讼机制。新加坡国际商事法院（The Singapore International Commercial Court，SICC）和新加坡国际调解中心（SIMC）合作建立了解决国际商业争端的诉讼—调解—诉讼（litigation - mediation - litigation，LML）机制。当事人可以在争议发生前签订主合同时选择采用 LML 条款（LML Clause），也可以在争议之后制定单独的 LML 协议（LML Protocol）。双方《LML 议定书》于 2023 年 1 月 12 日生效，规定了 SICC 诉讼转交给 SIMC 的调解程序，以及在调解终止后继续或终止 SICC 的诉讼程序。调解开始后，SICC 可以中止诉讼程序长达八周，有正当理由还可以延长。SIMC 的大多数调解都需要一天时间，和解率为 70% 至 80%。如果调解成功，当事人可以选择将和解条款记录为法院令（order of court）。如果达成部分和解，双方可根据 2021 年《SICC 规则》，选择将已解决事项记录为法院令，并就剩余问题寻求 SICC 诉讼。[1]

新加坡还建立了仲裁—调解—仲裁机制。SIMC 与新加坡国际仲裁中心（SIAC）和新加坡海事仲裁院（Singapore Chamber of Maritime Arbitration，SCMA）进行合作，并在后两个仲裁机构中提供仲裁—调解—仲裁（Arb-Med-Arb，AMA）程序。合同当事人可以在其合同中酌情考虑 AMA 示范条款以确定争议解决办法。例如，在 SIAC-SIMC 仲裁—调解—仲裁协议中，仲裁员和调解员将分别由新加坡国际仲裁中心（SIAC）和 SIMC 根据各自适用的仲裁规则和调解规则进行独立任命。除非双方另有约定，仲裁员和调解员通常不能由同一人担任。仲裁期间进行调解的，如果达成和解，和解协议可以根据 1958 年《纽约公约》执行。通过 AMA 程序达成的和解协议可被视为同意裁决。根据 1958 年《纽约公约》，同意裁决可以作为仲裁裁决被接受，并可在所有公约成员国或地区执行。

（三）新加坡的国际调解合作机制

新加坡国际调解中心（SIMC）和深圳国际仲裁院（SCIA）于 2022 年 11 月 25 日达成了 SIMC-SCIA 调解仲裁备忘录，允许

---

[1] Singapore International Mediation Centre. Lit-Med-Lit [EB/OL]. [2024-03-05]. https://simc.com.sg/lit-med-lit.

将在（SIMC）调解达成的任何和解协议记录为 SCIA 的仲裁裁决。该备忘录适用于在中国产生的商业纠纷或纠纷标的位于中国的当事人。根据备忘录，当事人可以直接将争议提交给 SIMC 进行调解，也可以提交给 SCIA 启动仲裁程序。如果提交 SIMC 申请调解时仲裁程序已经在 SCIA 启动，则 SCIA 仲裁理应中止，直到 SCIA 收到调解结果。如果通过 SIMC 调解达成协议，经各方同意后，调解任何一方均可根据本备忘录向 SCIA 申请将和解协议记录为 SCIA 的仲裁裁决。

新加坡与日本的调解合作体现在 SIMC 与日本国际调解中心（JIMC）签订的联合调解协议中。日本和新加坡互为最大的投资者。鉴于涉及日本企业的贸易、商业和投资量巨大，新加坡国际调解中心和日本国际调解中心早在 2020 年新冠疫情期间就签订了联合调解协议。该联合协议为在日本、新加坡和该地区其他国家经营的企业提供联合调解服务。为了适应疫情结束后的商业形势，新加坡和日本于 2023 年 8 月更新和修订了联合协议。争议当事方可在 JIMC 或 SIMC 任何一个机构提交调解，并且可以享受日本市场的费用减免。JIMC 和 SIMC 共同管理调解，任命共同调解人。案件由两个有经验的调解员解决，每个中心提名一名调解员。调解可以完全在网上进行，也可以全部或部分进行线下调解。线下调解由 JIMC 和 SIMC 提供调解场地，但调解费率不同于线上调解。根据《新加坡调解公约》，和解协议可在包括新加坡在内的公约成员国强制执行。

新加坡与印度尼西亚的联合调解机制，体现在印度尼西亚争议委员会（Indonesia Dispute Board，IDB）与新加坡国际调解中心 SIMC 签订的联合调解协议（IDB-SIMC Joint Protocol）中。新加坡和印度尼西亚之间存在强大的经济合作和友好关系。自 2014 年以来，新加坡一直是印度尼西亚最大的外国投资者。鉴于涉及印度尼西亚企业的贸易、商业和投资量巨大，新加坡国际调解中心和印度尼西亚争议委员会建立了联合调解机制。2023 年 8 月 30 日，双方签署联合协议，为在印度尼西亚、新加坡和该地区其他国家营业企业提供联合调解机制。争议当事人可以将案件提交给 IDB，也可以提交给 SIMC。这两个机构共同管理调解，任命共同调解人。争议案件由两个有经验的调解员解决，每个中心提名一名调解员。调解可以完全在网上进行。如果进行全部或部分线下调解，IDB 和 SIMC 应该提供调解场地。但是，线上调解和线下调解适用不同费率。根据《新加坡调解公约》，和解协议可在公约缔约国强制执行。

除了上述合作机制外，新加坡还与土耳其建立了联合调解机制。这些涉外联合调解机制的确立，为展示新加坡的调解服务以及推广《新加坡调解公约》提供了强大的推动力量。

（四）新加坡调解培训和调解员认证

新加坡调解立法和《新加坡调解公约》的签署体现了新加坡的调解服务理念，新加坡的多元调解机制和国际调解合作机制也体现了新加坡调解服务的先进性。此外，新加坡的商事调解培训和调解员认证也是这个优秀服务理念的重要组成部分。

新加坡的商事调解培训，是新加坡商事调解一揽子国际服务推动的重要内容。作为新加坡著名培训机构，新加坡国际调解学会（Singapore International Mediation Centre，SIMI）在法律部和新加坡国立大学的支持下，已经成为首要的独立调解专业机构。SIMI 的使命在于通过建立专业化调解和实现高调解标准，促进理解和启发使用调解，通过研究和创新促进调解的发展和成长，通过让利益相关者参与讨论、集合项目和外展活动，在亚洲建立一个强大的调解社区。① SIMI 建立起完整的认证调解员体系，并且和 IMI 认证调解员之间存在交叉认可，即 SIMI QAP 和 IMI QAP。② 从国内立法到国际条约签署，从政府和法院支持到调解机构独立成长，新加坡作为一个更加开放更加立体的国际调解中心，其形象已经深入世界各国。

五、日本调解立法与 ADR 促进立法的共同推进

调解在日本文化中根深蒂固，说日本文化是一种调解文化并不为过。颁布于公元 604 年的日本第一部宪法《十七条宪法》(*The Seventeen Article Constitution*)③ 第一条载明："和谐是有价值的，避免肆意反对是值得尊重的。"④ 这种哲学在日本传承了 1400 多年。日本也有"禅"、"柔道"或"柔术"等传统文化，这些文化也经常在其他全球调解文本中被引用。日本的法院附属

---

① Singapore International Mediation Centre [EB/OL]. [2024-02-25]. https://simc.com.sg.
② QAP 为 Qualifying Assessment Program 的缩写，是指资格评估计划。See SIMI. The Experience Qualification Path [EB/OL]. [2024-03-05]. https://www.simi.org.sg/What-We-Offer/Mediators/The-Experience-Qualification-Path.
③ 这部宪法的作者被认为是太子太史正德（公元 574—622 年）。
④ "Harmony is to be valued, and avoidance of wanton opposition, is to be honoured."

调解也有上百年的历史。在仲裁或诉讼等对抗制中，日本人觉得通过双方协议解决纠纷比通过强制性决定更舒服。这种调解文化在京都发展了 1000 多年。京都是日本政治和社会的中心，也是日本传统调解文化的中心。

（一）日本调解立法与 ADR 立法

1951 年，日本颁布《民事调解法》。2003 年，《民事调解法》进行修订，增设律师兼职法官制度，赋予律师民事调解法官之权。该法第二章第四节即为"商事调解"。

在《民事调解法》基础上，1999 年日本制定了特别法：《关于促进调整特定债务等的特定调解法》（简称《特定调解法》）。作为规定特定调解程序的《民事调解法》的特例，该法旨在帮助有可能陷入无法支付的债务人等的经济再生，从而促进这种债务人所负金钱债务的利害关系的调整。

2004 年 12 月 1 日，日本公布《诉讼外纠纷解决程序促进法》，即日本《ADR 法》。

2006 年，日本公布 ADR 法施行令：《诉讼外纠纷解决程序促进法实施令》。同年，日本还公布了《诉讼外纠纷解决程序促进法实施规则》，即《ADR 法施行规则》。

除了以上综合性 ADR 立法外，日本还建立了系统的金融 ADR 制度。[①]

2023 年 4 月 21 日（令和 5 年 4 月 21 日），《联合国关于通过

---

① FSA. 金融 ADR 制度のイメージ [EB/OL]. [2024 - 03 - 05]. https://www.fsa.go.jp/policy/adr/adr.pdf.

调解达成的国际和解协议的公约的执行法》①通过，2024年4月1日执行。据此，日本2023年10月1日加入《新加坡调解公约》，2024年4月1日正式成为公约成员国，并根据该公约的第8条第（1）款（b）项作出保留。日本也成为该公约第十二个缔约国。2023年4月21日，日本法务省通过了部分修正《仲裁法》②和《诉讼外纠纷解决程序促进法》③的法案，旨在全面加强ADR和调解法律。④

（二）日本商事调解机构

1. 日本国际调解中心（JIMC）

日本国际调解中心（Japan International Mediation Center, JIMC）于2018年11月20日在京都正式成立，又称京都日本国际调解中心（JIMC-Kyoto，简称"JIMC-京都"）。JIMC-京都是日本第一个国际调解中心，为外国和日本当事人之间的各种跨境纠纷提供世界一流的调解服务。JIMC-京都由日本仲裁员协会

---

① 衆議院. 調停による国際的な和解合意に関する国際連合条約の実施に関する法律. 法律第十六号（令五·四·二八）[EB/OL]. [2024-02-25]. https://www.shugiin.go.jp/internet/itdb_housei.nsf/html/housei/21120230428016.htm.

② 衆議院. 仲裁法の一部を改正する法律. 法律第十五号（令五·四·二八）[EB/OL]. [2024-02-25]. https://www.shugiin.go.jp/internet/itdb_housei.nsf/html/housei/21120230428015.htm.

③ 衆議院. 裁判外紛争解決手続の利用の促進に関する法律の一部を改正する法律. 法律第十七号（令五·四·二八）[EB/OL]. [2024-03-05]. https://www.shugiin.go.jp/internet/itdb_housei.nsf/html/housei/21120230428017.htm.

④ 法務省民事局. 仲裁法の一部を改正する法律、調停による国際的な和解合意に関する国際連合条約の実施に関する法律、裁判外紛争解決手続の利用の促進に関する法律の一部を改正する法律について[EB/OL]. [2024-03-05]. https://www.moj.go.jp/MINJI/minji07_00328.html.

(JAA) 的一个委员会管理，这使 JIMC-京都处于特殊地位，JIMC-京都的用户可以有效地利用 JAA 的资源。

JIMC-京都与日本同志社大学的密切联系及合作模式值得重视。JIMC-京都位于同志社大学内，同志社大学是日本著名的大学之一，拥有 140 年历史。JIMC-京都的用户可以使用同志社大学的许多设施，并体验京都国际学院的氛围。此外，用户还可以选择使用京都最著名的禅宗寺庙之一的古大寺的设施，体验真正的氛围。同志社大学是 JIMC-京都所在地，毗邻日本历代皇帝的住所皇宫和少国寺，其附属寺庙金阁寺和银阁寺是世界上最著名的寺庙之一。JIMC-京都就是在这一历史和文化背景下提供调解服务。JIMC-京都的用户可能会惊讶地发现，JIMC-京都被纳入了该大学的教育系统，用户可以与受过良好教育和培训的研究生互动，这些研究生将在调解会议期间担任向导和助理。

JIMC-京都的国际化首先体现在与新加坡的国际调解合作上。JIMC-京都和新加坡国际调解中心（Singapore International Mediation Centre，SIMC）于 2020 年 9 月 12 日签署谅解备忘录，以实施一项联合议定书，为跨境企业（包括日本—新加坡走廊沿线的公司）提供一条解决新冠疫情商业纠纷的经济、快捷和有效的途径。JIMC-SIMC 联合协议被认为是致力于在疫情期间提供快速调解的两个国际争端解决中心之间的第一个联合在线调解协议。这是继 2020 年 5 月启动《SIMC 新冠肺炎协议》后，SIMC 首次与海外调解中心合作。新冠疫情扰乱了合同义务的履行、供应链和商业的其他方面，导致世界各地企业之间的分歧和争端。因此，将调解视为首选的用户能够更好地从疫情的广泛影响中恢复过来。鉴于疫情的国际影响，JIMC-SIMC 联合议定书支持克服新冠疫情并进一步恢复经济的承诺。

JIMC-京都的国际化还体现在调解人员方面。JIMC-京都邀请了许多国际从业者和教授参与。JIMC-京都有著名的国际顾问为其运营提供宝贵的建议，其委员会中管理 JIMC-京都的外国教授和从业人员以及来自世界各地的知名国际调解员小组，JIMC-京都的用户都可以联系并保留他们作为调解人。

2. 日本商事仲裁协会与日本仲裁员协会

日本商事仲裁协会（Japan Commercial Arbitration Association, JCAA）[①] 作为日本工商会（Japan Chamber of Commerce and Industry, JCCI）内的国际商事仲裁委员会诞生于 1950 年并于 1953 年注册成立。自成立以来，JCAA 一直致力于提供有关争议解决的信息以及管理仲裁和调解程序，旨在促进和发展国际商事仲裁。目前，日本的公共和私营部门正在共同努力，以增加国际仲裁在日本的使用。日本已对《外国律师法》和《仲裁法》进行了修订，正在进一步完善国际仲裁制度。JCAA 还积极推广使用在线仲裁和快速仲裁，使国际仲裁系统更加便利。

日本仲裁员协会（The Japan Association of Arbitrators, JAA）[②] 并非实际进行仲裁或 ADR 程序的仲裁机构或争议解决机构。JAA 成立于 2003 年 10 月 16 日，2005 年 12 月 5 日成为一个法人协会，并于 2014 年 1 月 6 日成为一个独立公益法人协会。该组织

---

① JCAA. About JCAA [EB/OL]. [2024-02-25]. https://www.jcaa.or.jp/en/about/greeting.html.

② JAA. 岡田春夫理事長ご挨拶（2022 年 4 月）[EB/OL]. [2024-03-05]. https://arbitrators.jp/president/president-okada-2022.

由日本国际 ADR 领域的著名国际律师和教授组成，旨在培养和培训与仲裁和调解相关的人力资源，以及进行研究，传播和提高对仲裁和调解的认识。JAA 旨在与仲裁员和对 ADR 感兴趣的人分享知识和经验，并作为开发、研究和传播人力资源的组织开展具有社会意义的活动。① 面对仲裁程序更加复杂、冗长和昂贵的情形，调解作为弥补这些缺点的程序越来越受关注。基于此，JAA 一直在积极推动仲裁和调解的发展。

综合上述事实，我们需要思考如下几个问题：①中国拥有世界上最悠久的调解传统和法律实践，对涉外商事调解而言，这是阻力还是推动力？②为何美国领导了全球 ADR 运动和近现代调解立法，而中国却相对沉寂了？③为何新加坡在最短的时间内展示了商事调解服务的效率和魅力？其内在原因及背后的驱动力是什么？④为何德国敢于刀刃向内，突破"为权利而斗争"而毅然决然进行调解立法？对于这些问题的思考和回答，将是完善中国特色涉外商事调解机制的关键。

---

① JAA. 日本仲裁人协会［EB/OL］.［2024-02-25］. https://arbitrators.jp/about/jaa.

第六章

我国涉外商事调解机制的策略与建议

构建涉外法治战略背景下的商事调解机制和制度是一个系统工程，离不开习近平法治思想中涉外法治战略下重视商事调解的观念提升，融合法律、法规、标准和调解规则的制度建设，集商事调解机构、商事调解员和调解员教育培训于一体的队伍和人才建设，以及包容涉外商事调解、联合调解、线上调解、诉调对接、仲调对接的实践建设。

一、强化商事调解机制独立性的法治观念与宣传建设

一种柔化、全球化和非程序化纠纷解决通道正在横跨各国，消弭纷繁复杂的历史传统糅合的法系鸿沟和规则歧义，这种通道即为调解。《新加坡调解公约》的诞生成为国际商事争议解决历史上的里程碑事件，为调解、商事调解以及联合调解机制和规则

的构建带来了巨大机遇。现代调解在法律视野中的光环愈发耀眼，并逐渐与其他替代性争议解决方式一起，构成有效解决争议的柔性机制。调解虽然与诉讼和仲裁一起被称为争议解决的"三驾马车"，但其法律地位和保障机制远不如诉讼与仲裁，因而在普通民众中的权威性与有效性认知也不如此二者。加强商事调解独立性观念建设，"三驾马车"中，调解应当与诉讼和仲裁具有同等的法律地位，而不是一方面提倡"三驾马车"，一方面仍然将调解制度确立在诉讼法或仲裁法的几个条款之中。所以，打造诉讼、仲裁、调解的"三驾马车"，应当从理念上加强对调解、商事调解和涉外商事调解的法律制度建设。

涉外法治体系中的商事调解建设具有极为重要的战略价值。涉外法治体系建设固然属于国内法的范畴，但因其具有与国际接轨的使命和涉及国际法治体系的影响，故具有全球意义。中国作为最大发展中国家和世界第二大经济体，中国特色涉外法治体系建设也应当秉持全球视角。中国特色涉外商事调解机制建设一方面必须以维护中国国家利益作为基准点和立足点，另一方面必须考虑与世界各国不同法律制度文明兼容而具有包容力、软实力和国际影响力。在这个过程中，中国不应当被动接受和参与规则，而应当抓住时机主动引领和制定通行的涉外商事调解规则。制定中国特色的调解法或商事调解法律规则，同样具有国际影响力和法律文化软实力。

在替代性争议解决方式成为全球共识的背景下，在《新加坡调解公约》成为国际公约的今天，涉外商事调解制度作为涉外争议解决中非常有前途的争议解决方式，应当成为中国重点打造的法治亮点。作为最为柔性和最大限度体现当事人意思自治的争议解决方式，商事调解的法律制度建设能够为中国法治建设赢得美誉度和国际影响力。因而，在制度建设观念和规则引领理念都应当加强并落地的语境下，中国调解法治和涉外商事调解机制建设是国际社会赋予中国的难得机遇。

涉外法治宣传和商事调解独立性法治宣传的重要性不言而喻。《中央宣传部、司法部关于开展法治宣传教育的第八个五年规划（2021—2025年）》在普法重点内容中明确提出："适应统筹推进国内法治和涉外法治需要，大力宣传我国涉外法律法规，促进依法维护国家主权、安全、发展利益。围绕国家发展战略和区域重大战略，组织开展专项法治宣传教育，加强区域性普法与依法治理合作。"习近平法治思想对于涉外法治宣传给予高度重视：推进对外法治宣传，讲好中国法治故事；要加强对外法治话语和叙事体系建设，注重中外融通，创新对外法治话语表达方式，更加鲜明地展示中国法治道路；全面提升对外法治宣传效能，积极主动发声，扩大中国法治的影响力和感召力，增进国际社会对中国法治的认识和认同，应当加强涉外商事调解法治宣传并与落地相关联。[①] 从国际视角看，如何积极因应《新加坡调解公约》并及时推出中国特色调解立法，也是进行法治宣传的良好渠道。从国内视角看，如果要让国人和法律人重视涉外商事争议和涉外商事调解，就不应该仅仅停留在宣传层面，而且应当提高涉外商事调解培训的内容和水平，精准提高调解员和律师的语言水平、法律

---

① 中央宣传部、中央依法治国办组织. 习近平法治思想学习纲要［M］. 北京：人民出版社，学习出版社，2021：123-124.

规则的把握与争议处理技巧，这些同样是法治宣传落地的重要保证。所以，涉外商事调解宣传不能仅限于表面宣传，还应进行深层落地。

二、因应《新加坡调解公约》的商事调解立法路径

我国应尽快构建《新加坡调解公约》落地制度，推动商事调解单行立法引领世界。2019年8月7日，46个国家在《新加坡调解公约》签字时，其他国家或许在观望在研讨，但几乎可以确定的是，世界上没有一个国家会对这个公约置之不理。2020年9月12日，《新加坡调解公约》正式生效，很多人将其跟1958年《纽约公约》相提并论。1958年《纽约公约》几乎被认为是世界上最为成功的国际条约，该公约的成功也让人们对于《新加坡调解公约》的未来抱有极大希望。中国对于《新加坡调解公约》的态度在国际上具有风向标和引领作用。中国是《新加坡调解公约》的签字国。在这个签字名单上，除了中国以外，还有新加坡、美国、韩国和印度等经济大国。显然，这些贸易大国也是争议解决亟需获得突破的国家。随着诉累越来越重，诉讼成本越来越高，诉讼时间越来越长，综合争议解决的调解方案呼之欲出。中国对于调解的准备是积极和卓有成效的。在专门法律出台前，《民事诉讼法》的修改就明显昭示了中国的态度。

积极参与国际规则制定，做全球治理变革进程的参与者、推动者、引领者。中国要主动参与并努力引领国际规则制定，推动形成公正合理透明的国际规则体系，提高我国在全球治理体系变

革中的话语权和影响力。①

（一）我国商事调解立法策略

加入《新加坡调解公约》应当是中国在涉外法治战略下的必备动作。作为对该公约的中国回应，不管分几步走，终极意义上有两个选择：修改《民事诉讼法》《仲裁法》《人民调解法》等法律，完成对接；借机制定新的《调解法》或《商事调解法》，进行突破。

我们建议直接制定《调解法》，取代《人民调解法》，并在其中设立"商事调解"和"涉外调解"章节；或者保留《人民调解法》，但制定《商事调解法》，其中设立"涉外商事调解"一章。

（二）我国商事调解立法的制度确定

在调解单行立法中，应当确立一系列重要的商事调解制度，包括：①商事调解的法律效力、权威性以及公信力规定；②商事调解的独立启动机制、运行机制问题；③商事调解在争端解决机制中的地位与作用以及与其他争议解决方式的对接机制；④我国商事调解的调解员资格、资质及队伍建设问题；⑤商事调解培训制度；⑥涉外商事调解和联合调解制度；⑦涉外商事调解的法律冲突规则和原则；⑧联合调解的法律冲突及区际法律冲突解决；⑨应对数字经济个人信息保护、商业秘密保护、确保线上调解之

---

① 中央宣传部，中央全面依法治国委员会办公室. 习近平法治思想学习纲要 [M]. 北京：人民出版社，学习出版社，2021：125-126.

需要的商事调解大数据运用与个人信息保护制度。

世界各国不同的法律制度和法律文明，共同构建了法治图景的多样性。中国涉外商事调解法治建设，在中国"一国两制三法系四法域"背景下，应当成为中国涉外法治体系建设和《新加坡调解公约》落地的重要抓手。

三、确立先行先试的商事调解行业标准

商事调解员应围绕"商人"和"商事"做文章。如何服务好"商人"、处理好"商事争议"，是商事调解能否成功的关键。虽然《新加坡调解公约》第5条规定了调解员执业操守，但是，调解员的职业能力和资质建设仍然属于各国国内制度建设的范畴。

（一）团体标准：《商事调解服务规范》

确立商事调解服务规范标准，基调在于将商事调解作为一项法律服务，目的在于规范商事调解服务的基本事项，尤其是服务流程和服务质量评价。在目前背景下，欲确立商事调解的国家标准和行业标准，可以先从团体标准进行探索实践。

1.《商事调解服务规范》团体标准的适用范围

目前，中国国际贸易促进委员会调解中心提出并由中国国际贸易促进委员会商业行业委员会归口的团体标准 T/CCPITCSC 062—2020《商事调解服务规范》（*Specification for commercial mediation services*）已于2020年11月18日发布，并于2021年1月1日实施。

《商事调解服务规范》旨在确立商事调解服务基本原则、服务机构资质要求、服务场地、服务流程、异常情况处理和服务质量评价与提升。该标准适用于规范各类商事调解组织的活动，也适用于主管部门或第三方机构引导、监督、管理和评估商事调解活动。

从《商事调解服务规范》的适用事项看，该标准适用的事项为商事争议，即商事交往中各方当事人之间在权利义务方面发生的契约性与非契约性争议。商事争议既包括国内商事争议，也包括国际商事争议。凡是具有涉外因素的商业活动或商事交易行为中产生的争议，均属国际商事争议，包括但不限于国际贸易、国际投资等；但是私人与国家或国际组织之间的争议不属于本文件范围内的商事争议。另外，本标准也不适用于司法机构内部的调解。

2.《商事调解服务规范》确立的调解基本原则

从商事调解的基本原则看，《商事调解服务规范》确立了以当事人意思自治为核心的四项基本原则，充分尊重当事人的意思表示，当事人可以自主决定调解程序的启动、进展与终结，并根据自己的意愿处分实体权利。调解机构及调解员可以对上述事项提出建议。围绕当事人意思自治原则和为当事人服务的精神，对于调解员及调解机构提出了三个严格要求：独立公正、公平合理和保密义务。

（1）独立性和公正性是对调解员和调解机构的共同要求，以维护各方当事人正当权益为目的，不受任何国家机关、社会团体和个人的干涉。独立公正原则是调解机构能够立身之本，也是调解能够真正独立于仲裁和诉讼的根本性原则。

(2) 就公平合理原则而言，这里的公平并非追求绝对公平，而是相对公平。因此商事调解的程序设计不同于诉讼，也不同于仲裁，不必追究绝对公平，也无须用程序来确保绝对公平。标准中的合理性是建立在合法性基础上，但是更加强调商事争议的特殊性，强调商业惯例的地位以及公序良俗等柔性标准，因此公平合理原则在标准中确定为："调解过程中，调解员公平地对待各方当事人，按照法律规定，参照行业惯例，考虑社会道德规范、公序良俗等因素，公平合理地通过调解解决争议。"

(3) 就保密原则而言，尽管诉讼中为保护商业秘密确立了不公开审判，但是调解中的秘密性要求更高。除了调解员，调解机构、争议当事人及其代表人、代理人等人员都有保密义务。就机构调解而言，调解机构及调解员的保密义务属强行性质。当然，这里面有一个比较深层次的问题需要探讨，就是调解过程中的保密义务与作证义务的冲突问题。知悉调解中秘密的各方当事人应当如何作证？如果为了履行作证义务，那调解过程中有关各方又该如何承担保密义务和保密责任？这个问题的答案并没有真正显示在标准中。基于此，该标准对于保密的要求确定如下："调解机构及其调解员对调解过程、结果等调解案件相关信息和在调解过程中知悉的当事人的商业秘密、技术秘密及其他保密信息负有保密义务。为确保相关各方履行保密义务，调解机构或调解员可在调解程序开始前要求相关各方签署保密协议。"

3. 服务机构和服务设施要求

如果从事商事调解业务，如何成立符合标准的调解机构？如果进行商事调解服务，又需要何种调解场所和设施？

考虑到目前商事调解的现状，商事调解机构的名称和场所标准要求相对较低，基本上只是满足了"商事调解"的门槛要求：①依法设立的法人、非法人组织以及下属机构；②机构名称中有"商事调解"字样，或机构名称中含有"调解"字样且业务范围中含有"商事调解"内容；③符合要求的场地。对于调解机构内调解人员的要求也非常低，要求至少一名专职调解员和不少于五名兼职调解员，应建立调解员名册并向社会公示。

商事调解机构需要有明确的章程或调解管理办法，章程一般适用于较为独立和专业的调解机构，管理办法则相对灵活一些。章程或调解管理办法的内容也作出了指导性要求：①调解机构的职责和业务范围；②调解机构负责人的产生方式、职责和变更程序；③调解机构的内部组织架构；④调解费收入的分配及调解机构债务的承担方式；⑤章程或管理办法的解释和修改程序；⑥其他。

服务设施的要求相对比较具体，对于房间的要求看起来相对较高。这主要是考虑到商事调解服务对象的要求和商事调解整体形象的塑造问题。例如，就房间而言，通常需要具备独立的办公房间和调解房间，在调解期间需要跟当事人单独沟通时，还要预备另一方当事人独处或休息的房间，这就至少需要三个房间。对于服务设施，不仅提出了办公要求，考虑到调解氛围和文化等，还提出了环境塑造要求和私密性要求。基于此，该标准提出的要求如下：①商事调解服务机构宜具备至少四个独立的房间，满足日常办公、接待咨询、召开调解会议、背对背调解、当事人休息等需要；②服务场地环境风格应注意营造和谐氛围，并考虑不同文化背景当事人的感受和需求；③服务机构应备置符合调解特点和需求的、高效便捷的办公设备和设施，可视情况备置在线调解设备和设施；[①] ④调解设备和设施的功能与使用方式应符合调解对私密性和信息安全的要求。

4. 调解流程

商事调解基于当事人申请而启动，也基于当事人意愿或其他情形而终止。实际上，从调解员的视角看，调解流程主要可以分为两段：①从提出调解申请到预缴调解费的调解办公阶段；②确定调解员后的实质调解阶段。

商事调解服务流程解析为以下十个步骤：①提出申请；②审核；③受理和登记；④通知和确认；⑤预缴调解费；⑥选（指）定调解员；⑦进行调解；⑧达成和解；⑨调解终结；⑩整理归档。在这十个步骤中，选（指）定调解员、进行调解和达成和解最为重要。

5. 选（指）定调解员

调解员的确定分为选定和指定两种：当事人自愿选择是原则，只有当事人自愿选择情形不具备或放弃时，需要进行指定。

调解员的确定涉及调解员的数量、调解员的确定方式和时间等内容。

调解员的数量与法庭和仲裁庭的组成并不相同。一般情形下，可以由一至三名调解员进行调解。这里面的调解员数量不

[①] 原标准还提出如下注解：设备和设施包括但不限于白板、复印机、打印机、电脑、投影仪或电子屏幕、饮水机、桌牌、纸笔、空调、暖气（或地热）。

局限于奇数，偶数也可以。如果存在特殊情形，调解员数量则不受此限制。所谓特殊情形，是指如果当事人另有约定，或者调解机构认为增加或减少调解员人数更有利于调解并征得当事人同意。

当事人确定调解员不受调解员名册限制，可以在调解员名册中选择，也可以在调解员名册之外选择。当事人在调解员名册之外选择调解员的，应向调解机构提供该调解员的基本情况，并征得调解机构的同意。

但是，当事人应当在规定的期限内确定调解员。当事人可以单独确定调解员，也可以共同确定调解员。单独确定的，当事人应在规定的期限内选定调解员。逾期未选定的，应当事人请求或同意由调解机构代为指定。共同确定的，当事人应在规定的期限内共同选定或委托调解机构代为指定调解员。逾期未共同选定或者共同委托指定的，应当事人请求或同意由调解机构代为指定。

6. 进行调解

（1）调解预备。在机构调解背景下，调解预备工作是由机构来完成的。调解开始前，调解机构应在规定期限内与各方当事人取得联系，拟定调解工作方案，确定调解方式和调解地点。调解在调解机构所在地进行。如果当事人另有约定，或经调解机构建议并经当事人一致同意，亦可在其他地点进行。在调解机构所在地之外进行调解所产生的费用，由当事人承担。

（2）调解方式的确定。调解方式是由调解员主导的，但应首先尊重当事人意愿并考虑案件有关情形进行综合确定。商事调解的调解形式与调解方法互相配合，对于最终调解协议的达成具有非常重要的影响。因此，在征求当事人意愿基础上，不同调解员结合自己的调解风格和调解习惯，最大限度选择自己擅长的方式。另外，在数字时代背景下，线上调解也成为当事人节约时间、提高效率的重要途径。线下面对面调解和背对背调解都可以通过在线途径实现。

基于此，标准规定如下四个方面：①调解方式应以便利当事人为原则，并征得各方当事人的同意；②调解员可视情况交叉运用面对面调解、背对背调解等方式进行沟通与斡旋，促成当事人达成和解；③调解员以背对背的方式进行调解，在单独会见一方当事人后，可视情况向另一方当事人通报单独会见的情况，除非接受单独会见的一方当事人明确反对；④调解会议可以通过当事人到场、视频、电话或微信等形式进行。各种形式可以视情况交叉使用。

（3）调解开始。调解开始是调解员启动调解程序的第一步动作，是调解员将自己的调解理念和调解方式付诸实施的第一步，也是调解员和当事人第一次真正密切合作的开始。调解员应当发挥自己最佳水准，高度重视调解开始工作，在第一次真正会面中建立调解员权威和信赖。需要注意的是，调解往往是通过调解会议开始的，但是并不是所有情形都适用调解会议。在标准中，对于调解开始的规定有：调解开始后，调解员进行自我介绍，核实当事人身份和代理人权限，询问当事人对调解员有无异议，说明调解的保密性原则，宣布调解纪律和调解流程。

（4）调解调查。调解调查是澄清当事人之间商事争议的必经渠道。调解调查不同于法庭调查，无论是调查程序还是调查方向和重点，二者都存在较大差异。调解调查的主要目的在于搞清楚基本事实，弄清楚当事人之间的分歧点，凝练商事争议焦点，确定调解方案。而且，调查这些基本事实主要依靠当事人陈述，不需要通过确实充分的证据来加以证明。通常情况下，商事调解可以通过调解会议进行。在调解过程中，调解员可以要求当事人分别陈述基本观点和调解建议方案，并根据当事人的意见确定争议焦点，概括分歧要点。在调解过程中，调解员可以应当事人要求分析评估司法审判或仲裁结果与调解结果的利弊，根据公平合理的原则，就调解结果提出正式或非正式建议。调解员可以根据案件需要，在征得当事人同意后聘请有关专家就专业领域的问题提供咨询意见或鉴定意见。聘请有关专家参与调解工作所产生的费用由当事人承担。在调解过程中，调解员可以视情况书面记载双方无争议的事实，由当事人签字确认，作为后续继续调解的基础。调解可以一次完成，也可以经多次调解完成。

（5）达成和解。达成和解后，一般应当制作书面和解协议和调解书。和解协议原则上应由当事人拟定。考虑到实践中当事人处于矛盾对立方，调解员应当主动帮助拟定和解协议或重要条款，或者应当事人请求拟定和解协议。标准规定："当事人同意达成和解的，应以书面形式订立和解协议，和解协议文本由当事人自行拟定。调解员可以就和解协议条款提出建议，或应当事人的请求协助当事人拟定和解协议。"调解书是展示机构调解的重要文书，应当由调解机构加盖印章加以表明。但是，商事调解书的法律效力如何？商事调解书与和解协议的关系如何？这个问题需要调解立法进行确认，标准不能作出明确回答。"调解机构应根据和解协议的内容制作调解书。调解员应在调解书上签名，调解机构应在调解书上加盖印章。""双方当事人可以请求法院或仲裁机构对调解书予以确认。""调解书不得公开，向法院申请强制执行的情况除外。"

5. 调解终结

标准中确定了调解终结的四种主要情形：①任何一方当事人可以在调解过程中自愿终止调解。标准中规定："在达成和解协议之前，任何一方当事人声明放弃或退出调解的，调解员主持各方签署结案确认书，调解程序终结。"②调解员觉得有必要终止的也可以视情况终止。标准中规定："调解期限届满前，调解员认为继续调解已无必要的，可视情况终止调解程序。"③如果调解期限届满而未达成和解协议，当事人不同意继续延长的，也只能终止。标准中规定："调解期限届满，未达成和解协议，当事人不同意继续延长的，调解员主持各方签署结案确认书，调解程序终结。"④调解达成协议而终结。标准中规定："调解书生效之日，调解程序终结。"

除了以上四种情形外，如果当事人均没有在调解机构确定的合理期限内缴清有关调解费用，调解程序自动终止。

（二）团体标准：《商事调解人员职业能力要求》

团体标准《商事调解人员职业能力要求》是确定不同级别的商事调解员的资质和资格标准。该标准覆盖商事调解人员的职业等级及划分依据，职业道德、素质和知识要求，商事调解人员的学历与培训要求，商事调解人员的职业能力要求等内容，适用于各类调解组织的商事调解人员，其他调解人员也可参照适用。

商事调解人员的职业等级划分与依据，是商事调解员资质的基础。依据岗位职责及技能要求，将商事调解人员职业能力要求依次划分为三个等级：初级商事调解员、中级商事调解员和高级商事调解员。高级别调解员要求包含低级别调解员要求。就职业划分依据而言，商事调解人员等级划分应以学历、专业能力、调解工作业绩和工作年限等因素为基础。从职业道德要求看，商事调解员应当满足以下五方面要求：①遵守法律法规，遵守职业道德；②维护职业荣誉感，展现较高的职业素养，塑造高尚的职业形象；③友好调解，在当事人自愿基础上充分维护和平衡当事人的权益；④平等竞争，不得诋毁同行或其他法律从业者的声誉；⑤在涉外调解中维护中国国家主权和利益，不得危害国家安全和统一。从基本素质能力要求看，商事调解员应当具有较高的法学素养、道德素养、政治素养和职业素养，具备较强的语言表达能力、交流沟通能力、法律适用能力、驾驭调解能力和数字化应用能力等。从调解员基础知识要求看，商事调解员应掌握的基础知识包括但不限于：商法学知识、商业行业知识、心理学知识和语言学知识等。

取得商事调解员初级、中级和高级资格，需要在学历、培训及工作经验方面满足相应要求（见表6-1）。

就初级商事调解员而言，取得初级调解员资格，应当参加初级商事调解员培训，并且应当满足以下条件之一：①大专及以上学历，从事商事调解或相关工作累计满3年以上；②高等

第六章 我国涉外商事调解机制的策略与建议

学校法律专业本科毕业或者高等学校非法律专业本科毕业并具有法律专业知识。

就中级商事调解员而言，取得中级调解员资格，应当参加高级商事调解员培训，并且应当满足以下条件之一：①大专及以上学历，未取得初级商事调解员资质，但从事商事调解或相关职业累计8年（含）以上；②取得初级商事调解员资质后，从事商事调解或相关工作累计3年（含）以上。

就高级商事调解员而言，取得高级商事调解员资格，应当参加高级商事调解员培训，并且应当满足以下条件之一：①大专及以上学历，未取得中级商事调解员资质，从事商事调解或相关工作累计10年（含）以上；②取得中级商事调解员资质后，从事商事调解或相关工作累计3年（含）以上。

表6-1 商事调解员学历、培训及工作经验要求

	初级商事调解员	中级商事调解员	高级商事调解员
学历	大专及以上学历	大专及以上学历	大专及以上学历
培训	应当参加初级商事调解员培训	应当参加中级商事调解员培训	应当参加高级商事调解员培训
工作经验要求	满足以下条件之一： （1）从事商事调解或相关工作累计满3年以上 （2）高等学校法律专业本科毕业或者高等学校非法律专业本科毕业并具有法律专业知识	满足以下条件之一： （1）未取得初级商事调解员资质，但从事商事调解或相关职业累计8年（含）以上 （2）取得初级商事调解员资质后，从事商事调解或相关工作累计3年（含）以上	满足以下条件之一： （1）未取得中级商事调解员资质，从事商事调解或相关工作累计10年（含）以上 （2）取得中级商事调解员资质后，从事商事调解或相关工作累计3年（含）以上

商事调解员的职业能力要求，是调解员资质中最重要的内容。一个合格的商事调解员应当具有哪些能力？五种与专业知识、交流沟通相关的能力是应当具备的：语言表达能力、交流沟通能力、法律适用能力、驾驭调解能力和数字化应用能力（见表6-2）。

（1）语言表达能力。商事调解员要求能够表达自己的意思，理解和把握当事人的意思，熟练使用中文或外语进行口头或书面调解，撰写调解文书等有关法律文书。

（2）交流沟通能力。商事调解员要求掌握与当事人沟通的基本方法与技巧，把控自己和当事人的心理和情绪，与当事人进行友好交流，促使当事人达成调解协议并能够维护当事人之间的合作关系等。

（3）法律适用能力。商事调解员的法律适用能力属于专业能力，要求明晰对不同复杂程度的商事案件中当事人争议的法律事实、法律关系和焦点问题，明确当事人争议应当适用的法律法规，运用逻辑法则进行法律推理，运用法律来分析和调解不同复杂程度商事案件。

（4）驾驭调解能力。商事调解员要求把控调解现场秩序，避免调解陷入混乱局面和拖延局面，化解调解突发事件，把握当事人心理，引导调解有效、高效和圆满进行。

（5）数字化应用能力。商事调解员要求掌握数字化办公设备、软件、平台及其他新技术的常用操作，能够进行数字信息处理和线上商事调解，熟悉在线商事调解的流程。

表 6-2 商事调解员职业能力要求

	初级商事调解员	中级商事调解员	高级商事调解员
语言表达能力	（1）清楚表达自己的意思，能够理解和把握当事人的意思； （2）熟练使用中文进行口头或书面调解； （3）使用中文撰写有关调解文书	（1）较好表达自己的意思，较好理解和把握当事人的意思； （2）熟练使用中文和一门以上外语进行口头或书面调解； （3）使用外文审查有关调解文书	（1）充分表达自己的意思，充分理解和把握当事人的意思； （2）流利使用中文和一门以上外语进行口头或书面调解； （3）使用外文撰写有关文书
交流沟通能力	（1）能够掌握与当事人沟通的基本方法与技巧； （2）能够把控自己和当事人的心理和情绪； （3）友好与当事人等进行有效交流； （4）促使当事人达成调解协议	（1）熟练运用与当事人沟通的方法与技巧； （2）较好把控自己和当事人的心理和情绪； （3）友好与当事人等进行流畅交流； （4）促使当事人尽快达成调解协议	（1）熟练运用与当事人沟通的方法与技巧； （2）自如把控自己和当事人的心理和情绪； （3）友好与当事人等进行和谐交流； （4）促使当事人尽快达成调解协议并能够维护当事人之间的合作关系
法律适用能力	（1）明晰普通商事案件中当事人争议的法律事实、法律关系和焦点问题； （2）明确当事人争议应当适用的主要法律法规； （3）基本能够运用逻辑法则进行法律推理； （4）恰当运用法律来分析和调解普通商事案件	（1）明晰复杂商事案件中当事人争议的法律事实、法律关系和焦点问题； （2）明确当事人争议应当适用的所有法律法规； （3）运用逻辑法则进行法律推理； （4）熟练运用法律来分析和调解复杂商事案件	（1）明晰重大复杂、疑难商事案件中当事人争议的法律事实、法律关系和焦点问题； （2）熟练运用当事人争议应当适用的所有法律法规； （3）熟练运用逻辑法则进行法律推理； （4）熟练运用法律来分析和调解重大复杂、疑难商事案件

续表

	初级商事调解员	中级商事调解员	高级商事调解员
驾驭调解能力	（1）把控调解现场秩序，避免调解陷入混乱局面； （2）基本把握当事人心理，引导调解有效进行	（1）较好把控调解现场秩序，避免调解陷入拖延局面； （2）较好把握当事人心理，引导调解高效进行	（1）牢牢把控调解现场秩序，化解调解突发事件； （2）洞悉当事人心理，引导调解圆满进行
数字化应用能力	（1）基本掌握数字化办公设备、软件、平台及其他新技术的常用操作； （2）基本进行数字信息处理和线上商事调解	（1）较好掌握数字化办公设备、软件、平台及其他新技术的常用操作； （2）顺利进行数字信息处理和线上商事调解	（1）熟练掌握数字化办公设备、软件、平台及其他新技术的常用操作； （2）熟练进行数字信息处理和线上商事调解

四、以粤港澳大湾区联合调解机制为抓手，探索涉外商事调解机制建设

粤港澳大湾区国家战略中，内地、香港和澳门联合调解机制建设是涉外争议解决中的重要内容。建设内地—香港—澳门联合调解机制，不仅有利于粤港澳大湾区建设，而且是我国涉外商事争议解决和涉外商事调解机制建设的重要试验田。法治建设是粤港澳大湾区建设中极为重要的一环。2017年《深化粤港澳合作，推进大湾区建设框架协议》中提出了香港"建设亚太区国际法律及解决争议服务中心"的合作目标。2017年《国家发展和改革委员会与香港特别行政区政府关于支持香港全面参与和助力"一带一路"建设的安排》中提出，支持香港积极参与和推动粤港澳

大湾区建设，支持香港建设亚太区国际法律及争议解决服务中心。2019年《粤港澳大湾区发展规划纲要》提出，完善国际商事纠纷解决机制，支持粤港澳仲裁及调解机构交流合作，为粤港澳经济贸易提供仲裁及调解服务。一旦中国内地—香港—澳门联合调解机制建成，对于粤港澳大湾区的贸易投资环境、营商环境和法治环境都有极大促进，同时，这也是亚太区国际法律及解决争议服务中心的重要内容。立足于粤港澳大湾区建设，在内地—澳门联合调解中心和内地—香港联合调解中心成立的基础和经验值上，升级建设内地—香港—澳门联合调解中心，必然为粤港澳大湾区建设和亚太区争议服务中心争议解决奠定鲜亮底色和重要架构。

内地—香港—澳门联合调解机制建设应当制定统一的调解规则，确立必要的宗旨、原则与调解制度。

（一）宗旨

《内地—香港—澳门联合调解机制调解规则》宗旨的确立必须充分考虑机构、制度与规则在商事争议解决中的战略高端性，商事调解与联合调解服务于实体经济的内在依附性，体现了中国大国与强国责任在全球的软实力输出与话语权把控。目前阶段宜将宗旨确立为：内地—香港—澳门联合调解机制和调解规则旨在建立统一的国际商事调解协调机制和调解规则，为区域内国际经贸往来提供丰富的多元化争议解决渠道，为"一带一路"以及全球范围内商事争议解决提供多元化解决机制与平台，营造市场化、国际化、法治化营商环境。

(二) 原则

基于商事调解和联合调解的内在属性,除了保密性、独立性、高效性等原则外,还需要特别强调以下原则并将其贯穿于《内地—香港—澳门联合调解机制调解规则》始终。

(1) 尊重当事人意愿原则。尊重当事人意愿原则也即意思自治原则。作为商事调解和联合调解诞生和存在的重要基础,当事人意思自治占据极为核心的地位。尊重当事人意愿应当最大限度避免官方性和行政部门干涉,在商事调解的程序中始终如一地贯彻当事人的意愿是商事调解的生命力所在。从商事调解的启动,到调解员的选择以及调解协议的履行,都赋予当事人最大限度的自由,尊重当事人的选择权。商事调解和联合调解中甚至应当允许当事人拥有修改调解规则的权利。

(2) 平等互利原则。调解机制和调解规则中应当充分反映和尊重内地、香港和澳门地区有关法治和调解的法律文化、价值理念以及通行习惯和惯例。三地在法律制度和法律文化上尽管有诸多不同,但是联合调解的特色就是要弥补这些不同,在不同和歧义之处架设沟通桥梁,超越制度层面的差异。平等互利原则着眼于国际经贸争议中当事人的利益诉求,同时应当考虑当事人所在国家或者地区的国家利益,调解程序中在当事人法律地位平等基础上充分考虑实质上的平等权益诉求,充分考虑和平衡当事人的利益表达,做到实质平等和当事人双赢,力求保护、维持和提高当事人的商业友好关系。

(3) 文明交流与互鉴原则。充分考虑内地社会主义法系、香港英美法系和澳门大陆法系的法律制度和法律文明，充分尊重在商事调解程序和商事调解规则中关于不同法律制度与法律文化的诠释和表达，特别重视商事争议调解解决具体程序中相同制度的不同法律规则阐释，商事调解和联合调解要在这些不同点上求同存异，遵循平等互利原则，尽量避免因具体规则制度之不同而中止、终止和延长调解程序，降低调解效益。联合调解之争议产生于商业行为和商事关系，同时又服务于国际经济贸易实体。尊重各地法律文化并在此基础上达成尊重和互鉴，这才是联合调解壮大发展的土壤和魅力所在。

(三) 框架

三地联合调解机制和调解规则的设置应当明确如下内容：①联合调解的宗旨、目标和原则；②联合调解中心的设立、组成及运行规则；③联合调解调解员能力、素质和产生程序；④联合调解调解模式的确立；⑤联合调解统一调解程序的构建；⑥联合调解调解协议效力、履行与执行；⑦线上调解；⑧联合调解费用。

(四) 重要机制与制度构建

针对联合调解中的问题，结合既有调解经验，有必要在三地联合调解机制和调解规则中确立以下机制或制度：①在顶层设计和立法层面，构建《新加坡调解公约》落地制度，推动商事调解单行立法；②为了强调商事调解与联合调解的重要性，并呼应单独立法，确立商事调解独立运行机制，建立商事调解宣传推广制度；③为了协调商事调解与其他争议解决途径之关系，构建商事调解与其他争议解决途径对接机制，构建多元争议解决机制，建立商事调解与诉讼和仲裁对接机制，建立商事调解与其他调解对接机制；④为了应对突发公共卫生事件以及高效解决争议必要，建立商事调解线上运行机制；⑤为了解决联合调解的法律冲突问题，确立商事调解培训与教育制度，建立三地法律文化交流与经验探讨机制；⑥为了应对数字经济个人信息保护问题以及确保线上调解之需要，确立商事调解大数据构建与个人信息保护制度；⑦为了更好了解和推进商事调解发展，确立商事调解调研、统计、评估与反馈制度。

（五）确保三地联合调解保持领导力的理论与实践探索方向

为了保持三地联合调解中心的卓越影响力和世界领先性，三地联合调解中心未来一段时间内应当在理论与实践方面进行如下全方位突破研究，并将研究成果迅速转化到联合调解应用中：①联合调解服务国家战略与国际战略的机制和制度创新；②多元纠纷解决机制及域外法适用与衔接问题；③中国法的域外适用机制及实效；④联合调解中心实体化运行机制与制度；⑤联合调解中中国法律文化软实力；⑥线上联合调解和智慧调解服务便捷性问题；⑦线上联合调解当事人结果预测系统及接入机制；⑧联合调解与其他争议解决机制平台线上无缝衔接机制；⑨多元争议解决机制中联合调解与繁简分流融合；⑩中外联合调解中调解员培训与认证机制。

结　论

习近平法治思想和坚持统筹推进国内法治和涉外法治，对于我国涉外法治研究具有重要的战略意义和指针价值。涉外法治战略体现了国家利益和人类命运共同体的高度一体化，为中国商事调解机制建设提供了前所未有的机遇。涉外商事调解机制建设也成为中国构建人类命运共同体和积极参与主动引领国际法治规则的重要突破点。

中国应当突破成为全球负责任大国中单纯依赖经济而胜与单方或联合制裁中国之思维和压力，在硬性与柔性博弈中实现中国梦。涉外商事调解机制和调解规则的建设也应当遵循这种思路。

我国涉外商事调解的法律规则建设成绩不菲。从国内立法视角看，目前除了《民事诉讼法》《仲裁法》《人民调解法》等法律外，最高人民法院关于调解的司法解释等规范性文件在某种程度上也起到了调解"轻骑兵"的作用，在涉外法治战略体系中还起到了"排头兵"作用。中国贸促会视角下的涉外商事调解业务也成为中国调解实践的"领头羊",代表着中国涉外调解的国家水准。我国涉外商事调解的特点是:脱胎于仲裁,但独立性越来越突出;自民间而来,具有极为重要的民意和群众基础;能够高效圆满解决经贸争议,减轻诉累;程序性与对抗性弱,费用低廉;多元争议解决机制中的地位和重要性越来越突出。后疫情时代,随着线上争议解决以及多元争议解决联合调解的推动,涉外商事调解的重要性更加凸显。

我国涉外商事调解也面临着系统性制度建设问题,这些问题既来自商事调解本身,也来自在战略背景下商事调解应承担的使命。我国商事调解本身的问题主要在于法律制度中商事调解的地位和作用方面。我国涉外商事调解不仅要完成公约对接,还应当展示中国特色法治的魅力。以下问题在习近平法治思想中关于统筹推进国内法治与涉外法治的战略背景下更加清楚:①我国商事调解法律规定缺乏以及立法必要性问题;②涉外商事调解的法律效力、公信力和权威性问题;③涉外商事调解机制认同及与其他机制对接问题;④涉外商事调解的法律冲突问题及区际法律冲突问题;⑤我国商事调解的调解员资质及队伍建设问题。

如何解决我国目前涉外商事调解的系统性问题,国别视角下调解制度的镜鉴非常重要。国际商事调解镜鉴的目的不在于"拿来主义",而在于摸清家底基础上找到建设中国特色涉外调解制度的改革方向。考虑到制度对接和借鉴,美国、德国、新加坡和日本的调解制度值得关注。美国是 ADR 和调解运动倡导者,对于国际调解规则、调解公约、调解与法院的融合都具有借鉴意义。当然,美国调解模式多样化不一定适合中国。德国人思维中

"为权利而斗争"的诉讼理念根植较深,但是德国仍然以民商事领域中民法、商法和经济法不断立法引领精神进行全新突破,因此,德国《调解法》值得中国重视。新加坡以锐意改革的方式和全球服务理念让全世界对这个国度再度审视。新加坡在调解传统上与中国文化相近,但是在现代受英美法系影响较深,专门调解单行立法及将调解公约签署落地等一系列运作值得中国关注。日本调解法治深受中国传调解文化和美国现代调解运动影响,在不断学习和借鉴中发展出调解立法和 ADR 立法共同推进的局面,并且成为为数不多的《新加坡调解公约》成员国。这种不断学习并且快速跟进和落地的精神值得中国借鉴。

构建我国涉外法治战略背景下的商事调解机制和制度是一个系统工程,离不开习近平法治思想涉外法治战略下重视商事调解观念的提升,融合法律、法规、标准和调解规则的制度建设,集合商事调解机构、商事调解员和调解员教育培训于一体的队伍和人才建设,以及包容涉外商事调解、联合调解、线上调解、诉调对接、仲调对接的实践建设。为此,应当从以下四个方面着重布局:

首先,观念上加强商事调解独立性法治建设,打造诉讼、仲裁、调解三驾马车并驾齐驱因路而需的机制,从理念上加强对涉外商事调解的法律制度建设。在 ADR 流行和《新加坡调解公约》成为国际公约的时代,涉外商事调解制度作为涉外争议解决中非常有前途的争议解决方式,应当成为中国重点打造的法治亮点。

其次,强调《新加坡调解公约》背景下的调解单行法落地。构建《新加坡调解公约》落地制度,推动商事调解单行立法引领世界。加入《新加坡调解公约》也应当是中国在涉外法治战略下的必备动作。中国有两个模式可以选择：修改《民事诉讼法》《仲裁法》《人民调解法》等法律完成对接；制定全新的《调解法》或《商事调解法》。在调解单行立法中，应当确立一系列重要的商事调解制度：①商事调解的法律效力、权威性以及公信力规定；②商事调解的独立启动机制、运行机制问题；③商事调解在争端解决机制中的地位与作用以及与其他争议解决方式的对接机制；④我国商事调解的调解员资格、资质及队伍建设问题；⑤商事调解培训制度；⑥涉外商事调解和联合调解制度；⑦涉外商事调解的法律冲突规则和原则；⑧联合调解的法律冲突及区际法律冲突解决；⑨应对数字经济个人信息保护、商业秘密保护、确保线上调解之需要的商事调解大数据运用与个人信息保护制度。

再次，确立三级商事调解员职业能力行业标准及调解培训制度。确立商事调解员标准《商事调解人员职业能力要求》，覆盖商事调解人员的职业等级及划分依据，职业道德、素质和知识要求，商事调解人员的学历与培训要求，商事调解人员的职业能力要求等内容。依据岗位职责及技能要求，将商事调解人员职业能力要求依次划分为三个等级：初级商事调解员、中级商事调解员和高级商事调解员。高级别调解员要求包含低级别调解员要求。就职业划分依据而言，商事调解人员等级划分应以学历、专业能力、调解工作业绩和工作年限等因素为基础。取得初级、中级和高级商事调解员的资格需要在学历、培训及工作经验方面提出明确要求。就初级商事调解员而言，取得初级调解员资格，应当参加初级商事调解员培训，并且应当满足一系列条件。商事调解员的职业能力要求是调解员资质中最重要的内容。一个合格的商事调解员应当具有五种调解能力：语言表达能力、交流沟通能力、法律适用能力、驾驭调解能力和数字化应用能力。

最后，以粤港澳大湾区联合调解机制为抓手，探索多法域调解机制建设。内地—香港—澳门联合调解机制建设应当制定统一的调解规则，确立必要的宗旨、原则与调解制度。目前阶段宜将宗旨确立为：内地—香港—澳门联合调解机制和调解规则旨在建立统一的国际商事调解协调机制和调解规则，为区域内国际经贸往来提供丰富的多元化争议解决渠道，为"一带一路"以及全球范围内商事争议解决提供多元化解决机制与平台，营造市场化、国际化、法治化营商环境。

关于《内地—香港—澳门联合调解机制调解规则》的原则，除了保密性、独立性、高效性等原则外，还需要坚持尊重当事人意愿原则、平等互利原则和文明交流与互鉴原则。三地联合调解机制和调解规则的主要内容应当包括：①联合调解的宗旨、目标和原则；②联合调解中心的设立、组成及运行规则；③联合调解调解员能力、素质和产生程序；④联合调解调解模式的确立；⑤联合调解统一调解程序的构建；⑥联合调解调解协议效力、履行与执行；⑦线上调解；⑧联合调解费用。针对联合调解中的问题，结合既有调解经验，有必要在三地联合调解机制和调解规则中确立以下机制或制度：①在顶层设计和立法层面，构建《新加坡调解公约》落地制度，推动商事调解单行立法；②为了强调商事调解与联合调解的重要性并呼应单独立法，确立商事调解独立运行机制，建立商事调解宣传推广制度；③为了协调商事调解与其他争议解决途径之关系，构建商事调解与其他争议解决途径对接机制，构建多元争议解决机制，建立商事调解与诉讼和仲裁对接机制；建立商事调解与其他调解对接机制；④为了应对突发公共卫生事件以及高效解决争议必要，建立商事调解线上运行机制；⑤为了解决联合调解的法律冲突问题，确立商事调解培训与教育制度；建立三地法律文化交流与经验探讨机制；⑥为了应对数字经济个人信息保护问题以及确保线上调解之需要，确立商事调解大数据构建与个人信息保护制度；⑦为了更好地了解和推进商事调解发展，确立商事调解调研、统计、评估与反馈制度。

附 录

附录 1

团体标准：商事调解服务规范

Specification for commercial mediation services

目　　次

前言

1　范围

2　规范性引用文件

3　术语和定义

4　基本原则

5　服务机构要求

6　服务设施

7　调解流程

8　异常情况处理

9　服务质量评价与提升

参考文献

前 言

本文件按照 GB/T 1.1-2020《标准化工作导则第 1 部分：标准化文件的结构和起草规则》的规定起草。

本文件由中国国际贸易促进委员会调解中心提出。

本文件由中国国际贸易促进委员会商业行业委员会归口。

本文件起草单位：中国国际贸易促进委员会调解中心、中国国际贸易促进委员会商业行业委员会、中国国际贸易促进委员会调解中心商业行业委员会、中国国际贸易促进委员会天津调解中心（天津市贸促会商法中心）、北京联合大学、上海建纬（长沙）律师事务所、中国国际贸易促进委员会河北调解中心、江苏良翰律师事务所、中南大学、苏州大学、中国国际贸易促进委员会苏州市委员会、东莞市商事调解中心、中国国际贸易促进委员会深圳调解中心、北明软件互联网法治产品研究院、广东省南粤质量技术研究院、西安西仲云法律咨询服务有限公司、重庆恒佳工程技术咨询有限公司、北京高文律师事务所、全国城市农贸中心联合会仲裁专业委员会、山东省外商投诉中心、北京坤杰律师事务所、北京向量律师事务所。

本文件主要起草人：王芳、姚歆、王曦、张万春、戴勇坚、武凤玲、王永和、鞠晔、刘婕、赵胜、邵华、李倩、朱冬梅、明瑶华、梁柳仪、丘爱玲、郭文利、乔珍珍、崔宁、刘洪兵、王梓、王亮、李喜明、张萌、王蓓菁、倪志军、胡伟、黄海、赵健雅、程志远、李璟、于丽夏。

本文件响应了联合国 2030 可持续发展目标中的第 16 项"和平、正义与强大机构"和第 17 项"促进目标实现的伙伴关系"。

1 范围

本文件规定了商事调解服务的基本原则，服务机构的资质要求，服务场地，服务流程，异常情况处理和服务质量的评价与提升。

本文件适用于规范各类商事调解组织的活动，也适用于主管部门或第三方机构引导、监督、管理和评估商事调解活动。

2 规范性引用文件

下列文件中的内容通过文中的规范性引用而构成本文件必不可少的条款。其中，注日期的引用文件，仅该日期对应的版本适用于本文件；不注日期的引用文件，其最新版本（包括所有的修改单）适用于本文件。

GB/T 19012-2019 质量管理 顾客满意 组织投诉处理指南

3 术语和定义

下列术语和定义适用于本文件。

3.1 商事 commerce

自然人、法人或其他组织从事的贸易、投资等商业活动或商事交易。

3.2 商事争议 commercial disputes

商事交往中各方当事人之间在权利义务方面所发生的契约性与非契约性争议。

注1：商事争议包括国际商事争议和国内商事争议。

注2：具有涉外因素的商业活动或商事交易行为中产生的争议属国际商事争议，包括但不限于国际贸易、国际投资等。

注3：私人与国家或国际组织之间的争议不属于本文件范围的商事争议。

3.3 调解 mediation

由一名或多名争议之外第三人（调解人）协调当事人友好解决其纠纷的争议解决方式。

注：无论名称如何，若无第三人参与协调，则不属于本文件范围的调解。

3.4 商事调解 commercial mediation

因商事纠纷而进行调解的一种商事争议解决方式。

注1：商事调解可以独立于其他争议解决方式，也可以与其他争议解决方式结合。

注2：司法机构内部的调解不属于本文件范围的商事调解。

4 基本原则

4.1 当事人意思自治

调解充分尊重当事人的意思自治。当事人可以自主决定调解程序的启动、进展与终结，并根据自己的意愿处分实体权利。调解机构及其调解员可以对上述事项提出建议。

4.2 独立公正

调解机构及其调解员独立于各方当事人，以维护各方当事人正当权益为目的，不受任何国家机关、社会团体和个人的干涉。

4.3 公平合理

调解过程中,调解员公平地对待各方当事人,按照法律规定,参照行业惯例,考虑社会道德规范、公序良俗等因素,公平合理地通过调解解决争议。

4.4 保密

调解机构及其调解员对调解过程、结果等调解案件相关信息和在调解过程中知悉的当事人的商业秘密、技术秘密及其他保密信息负有保密义务。

为确保相关各方履行保密义务,调解机构或调解员可在调解程序开始前要求相关各方签署保密协议。

5 服务机构要求

5.1 机构名称和场所

机构名称和场所应满足以下要求:

a) 是依法设立的法人、非法人组织以及下属机构;

b) 机构名称中有"商事调解"字样,或机构名称中含有"调解"字样且业务范围中含有"商事调解"内容;

c) 场地宜符合本文件第6章所规定的内容。

5.2 章程或调解管理办法

章程或调解管理办法宜载明以下内容:

a) 调解机构的职责和业务范围;

b) 调解机构负责人的产生方式、职责和变更程序;

c) 调解机构的内部组织架构;

d) 调解费收入的分配及调解机构债务的承担方式;

e) 章程或管理办法的解释和修改程序；

f) 其他。

5.3 调解员

应有专职调解员不少于一名，兼职调解员不少于五名，并以名册形式向社会公示。

6 服务设施

6.1 商事调解服务机构宜具备至少四个独立的房间，满足日常办公、接待咨询、召开调解会议、背对背调解、当事人休息等需要。

6.2 服务场地环境风格应注意营造和谐氛围，并考虑不同文化背景当事人的感受和需求。

6.3 服务机构应备置符合调解特点和需求的、高效便捷的办公设备和设施，可视情况备置在线调解设备和设施。

注：设备和设施包括但不限于白板、复印机、打印机、电脑、投影仪或电子屏幕、饮水机、桌牌、纸笔、空调、暖气（或地热）。

6.4 调解设备和设施的功能与使用方式应符合调解对私密性和信息安全的要求。

7 调解流程

7.1 总体流程

商事调解服务流程包括下列程序中的部分或全部，调解可在本文件第 7.2 至 7.9 中的任一过程结束。

——提出申请；

——审核；

——受理和登记；

——通知和确认；

——预缴调解费；

——选（指）定调解员；

——进行调解；

——达成和解；

——调解终结；

——整理归档。

7.2 提出申请

7.2.1 当事人向调解机构申请调解，应提交下列材料：

a）主体资格证明材料，包括但不限于身份证（护照）、营业执照、法定质表人身份证明书；

b）有代理人的，提交授权委托材料，包括授权委托书及其他身份证明文件；

c）调解申请书，内容包括各方当事人的基本情况、调解请求、事实和理由；

d）证据材料。

7.2.2 当事人向调解机构提出调解申请时，应确认送达地址。

7.3 审核

收到当事人的申请材料，调解机构应审核：

a）争议是否属于调解受理范围；

b）申请人和被申请人的主体资格；

c）请求事项是否明确。

7.4 受理和登记

7.4.1 经审核不符合受理条件的，不予受理；或指导当事人补充完善申请材料。

7.4.2 经审核符合受理条件的，调解机构受理调解申请并予以登记。由申请人缴纳案件注册费。

7.5 通知和确认

7.5.1 决定受理调解案件后，调解机构应在规定时间内向申请人送达调解受理通知。

7.5.2 受理调解案件后，调解机构应在规定时间内向被申请人送达调解征询函件。

7.5.3 被申请人应在规定时间内向调解机构书面确认调解意愿。被申请人未在规定的期限内确认的，视为不同意调解。

7.5.4 被申请人不同意调解的，调解机构结束调解程序，向申请人发出书面通知。

7.5.5 被申请人同意调解的，应当提交主体资格证明材料；有代理人的，应当提交授权委托材料；同时，可以向调解机构提交答辩材料，包括：

a）是否同意申请人的请求事项及事实和理由；

b）证据材料。

7.5.6 收到被申请人同意调解的函件后，调解机构应在规定的期限内书面通知申请人，寄送被申请人依据本文件 7.5.5 提交的材料，被申请人声明保密的材料除外。

7.5.7 被申请人延迟提交同意调解函件的，调解机构在征得申请人书面同意后，可重启调解程序。

7.5.8 无论是否事先订立调解协议，各方当事人向调解机构提交的关于调解意愿的肯定性文件，视为一致同意将争议提交调解机构进行调解。

7.6 预缴调解费

7.6.1 申请人和被申请人一致同意调解后，应在规定的期限内按照收费标准和各自应承担的比例预缴调解费。当事人之间对调解费负担比例另有约定的，从其约定。一方当事人同意调解，但不预缴调解费的，调解机构可视情况要求另一方当事人预缴全部调解费。

7.6.2 当事人未预缴调解费的，调解机构可视情况决定是否继续调解程序。

7.6.3 因当事人未预缴调解费结束调解程序的，调解机构应向当事人发出书面通知。

7.7 选（指）定调解员

7.7.1 调解机构应在其公开发布的调解规则中对每一案件调解员的人数、构成、选任方式的一般情形和特殊情形作出明确规定。

7.7.2 调解机构可规定一般情形由一至三名调解员进行调解，特殊情形下调解员人数可以不同于一般情形。特殊情形包括：

a）当事人另有约定；

b）调解机构认为增加或减少调解员人数更有利于调解并征得当事人同意。

7.7.3 当事人应在规定的期限内选定调解员。逾期未选定的，应当事人请求或同意由调解机构代为指定。

7.7.4 当事人应在规定的期限内共同选定或委托调解机构代为指定调解员。逾期未共同选定或者共同委托指定的，应当事人请求或同意由调解机构代为指定。

7.7.5 当事人可以在调解员名册中选择调解员，也可以在调解员名册之外选择调解员。

7.7.6 当事人在调解员名册之外选择调解员的，应向调解机构提供该调解员的基本情况，并征得调解机构的同意。

7.7.7 调解员在接受选定或指定后，应签署尽职声明，表明将恪尽职守、以中立客观和公正的态度协助双方当事人解决争议，并向调解机构和当事人主动披露可能影响其调解独立性、公正性的情形。

7.8 进行调解

7.8.1 调解开始前，调解机构应在规定期限内与各方当事人取得联系，拟定调解工作方案，确定调解方式和调解地点。

7.8.2 调解方式应以便利当事人为原则，并征得各方当事人的同意。

7.8.3 调解员可视情况交叉运用面对面调解、背对背调解等方式进行沟通与斡旋，促成当事人达成和解。

7.8.4 调解员以背对背的方式进行调解，在单独会见一方当事人后，可视情况向另一方当事人通报单独会见的情况，除非接受单独会见的一方当事人明确反对。

7.8.5 调解会议可以通过当事人到场、视频、电话或微信等形式进行。各种形式可以视情况交叉使用。

7.8.6 调解在调解机构所在地进行。如果当事人另有约定，或经调解机构建议并经当事人一致同意，亦可在其他地点进行。在调解机构所在地之外进行调解所产生的费用，由当事人承担。

7.8.7 调解开始后，调解员进行自我介绍，核实当事人身份和代理人权限，询问当事人对调解员有无异议，说明调解的保密性原则，宣布调解纪律和调解流程。

7.8.8 在调解过程中，调解员可以要求当事人分别陈述基本观点和调解建议方案，并根据当事人的意见确定争议焦点，概括分歧要点。

7.8.9 在调解过程中，调解员可以应当事人要求分析评估司法审判或仲裁结果与调解结果的利弊，根据公平合理的原则，就调解结果提出正式或非正式建议。

7.8.10 调解员可以根据案件需要，在征得当事人同意后聘请有关专家就专业领域的问题提供咨询意见或鉴定意见。

7.8.11 聘请有关专家参与调解工作所产生的费用，由当事人承担。

7.8.12 在调解过程中，调解员可以视情况书面记载双方无争议的事实，由当事人签字确认，作为后续继续调解的基础。

7.8.13 调解可以一次完成，也可以经多次调解完成。

7.9 达成和解

7.9.1 当事人同意达成和解的，应以书面形式订立和解协议，和解协议文本由当事人自行拟定。调解员可以就和解协议条款提出建议，或应当事人的请求协助当事人拟定和解协议。

7.9.2 调解机构应根据和解协议的内容制作调解书。调解员应在调解书上签名，调解机构应在调解书上加盖印章。

7.9.3 双方当事人可以请求法院或仲裁机构对调解书予以确认。

7.9.4 调解书不得公开，向法院申请强制执行的情况除外。

7.10 调解终结

7.10.1 调解机构应在其公开发布的调解规则中规定调解期限，并优先使用与当事人约定的调解期限。

7.10.2 经各方当事人一致同意，调解期限届满后可以延长。

7.10.3 在达成和解协议之前，任何一方当事人声明放弃或退出调解的，调解员主持各方签署结案确认书，调解程序终结。

7.10.4 调解期限届满前，调解员认为继续调解已无必要的，可视情况终止调解程序。

7.10.5 调解期限届满，未达成和解协议，当事人不同意继续延长的，调解员主持各方签署结案确认书，调解程序终结。

7.10.6 调解书生效之日，调解程序终结。

7.10.7 调解程序终结后，调解员不得担任同一案件的代理人、证人，经当事人同意，可以担任同一案件的仲裁员。

7.11 整理归档

7.11.1 调解机构应制定档案管理制度，设置档案室和档案管理专岗，规范档案移交、存储、借阅等流程。

7.11.2 调解程序结束后，案件秘书应对案卷材料进行归档，并及时移交档案室。

8 异常情况处理

8.1 当事人在调解过程中要求更换调解员的，调解员应中止调解程序。中止调解程序后，当事人应向调解机构提出书面申请，调解机构决定是否更换调解员。

8.2 调解员未能按约定的时间出席调解会议的，当事人可申请更换调解员。

8.3 超过调解机构规定的撤回申请及退费的期限后，一方或者各方当事人无故拒不参加调解会议的，调解机构有权决定终业调解程序，且不予退还预缴的调解费用。

8.4 在调解过程中，当事人提出存在调解事项以外的其他争议，要求一并调解解决或者要求变更调解事项的，在征求其他各方当事人同意后，调解员应中止调解程序，向调解机构报告。在申请人补缴新增调解事项的调解费用后，调解员重新启动调解程序。

8.5 在调解过程中，出现其他突发情况时，调解员应及时处理并向调解机构报告。

9 服务质量评价与提升

9.1 应建立完善的客户意见反馈体系，符合 GB/T 19012-2019 的要求，透明、公正、快捷地处理服务对象及其他利益相关方的投诉。

9.2 应当建立和完善商事调解的评价机制，对受案范围、商事调解程序规则、调解形式、突发情况处理规则等进行定期评价和提出评价意见建议。

9.3 应建立完善的商事调解质量管理体系和服务效果跟踪评价体系，对商事调解服务效果和服务效率进行评估，对商事调解成果进行跟踪。

9.4 应当建立和完善调解员评价机制，对调解员调解水平进行评价，促进调解员水平不断提升。

9.5 应根据评价结果和投诉意见，确定服务改进目标并落实服务改进措施。

参考文献

［1］《贸易法委员会调解规则》（1980）.

［2］《联合国关于调解所产生的国际和解协议公约》（2018）.

［3］《贸易法委员会国际商事调解和调解所产生的国际和解协议示范法》（2018）.

［4］《联合国国际货物销售合同公约》（1980）.

附录 2

团体标准：商事调解员职业能力要求（送审稿）

Requirements for occupational competence of commercial mediators

目　次

前言

1　范围

2　规范性引用文件

3　术语和定义

4　职业等级划分与依据

5　基本要求

6　学历、培训及工作经验要求

7　职业能力要求

前　言

本文件按照 GB/T 1.1-2020《标准化工作导则　第 1 部分：标准化文件的结构和起草规则》的规定起草。

请注意本文件的某些部分可能涉及专利。本文件的发布机构不承担识别专利的责任。

本标准由中国国际贸易促进委员会商业行业委员会提出并归口。

本标准起草单位：

本标准主要起草人：

本标准响应了联合国 2030 可持续发展目标中的第 4 项"优质教育"和第 8 项"体面的工作和经济增长"。

商事调解员职业能力要求

1 范围

本标准规定了商事调解员的职业等级及划分依据,职业道德、素质和知识要求,商事调解员的学历与培训要求,商事调解员的职业能力要求。

本标准适用于各类商事调解组织的调解人员,其他调解人员可参照适用。

2 规范性引用文件

下列文件对于本文件的应用是必不可少的。凡是注日期的引用文件,仅注日期的版本适用于本文件。凡是不注日期的引用文件,其最新版本(包括所有的修改单)适用于本文件。

T/CCPITCSC 062-2020 商事调解服务规范

3 术语和定义

3.1 商事调解 commercial mediation

因商事纠纷而进行调解的一种商事争议解决方式。

注1:商事调解包含与诉讼或仲裁对接后的商事调解,但是司法程序和仲裁程序中的调解不属于本文件范围的商事调解。

注2:行政调解、人民调解和劳动争议调解不属于本文件范围的商事调解。

3.2 商事调解员 commercial mediator(s)

商事调解中行使调解职能的一名或多名调解人员。

4 职业等级划分与依据

4.1 职业等级划分

依据岗位职责及技能要求，将商事调解员职业能力要求依次划分为三个等级：初级商事调解员、中级商事调解员和高级商事调解员。高级别调解员要求包含低级别调解员要求。

4.2 依据

商事调解员等级划分以学历、专业能力、调解工作业绩和工作年限等因素为依据。

5 基本要求

5.1 职业道德要求

5.1.1 商事调解员应当遵守法律法规，遵守职业道德。

5.1.2 商事调解员应当维护职业荣誉感，展现较高的职业素养，塑造高尚的职业形象。

5.1.3 商事调解员应当友好调解，在当事人自愿基础上充分维护和平衡当事人的权益。

5.1.4 商事调解员应当平等竞争，不得诋毁同行或其他法律从业者的声誉。

5.1.5 商事调解员应当在涉外调解中维护中国国家主权和利益，不得危害国家安全和统一。

5.2 基本素质要求

商事调解员应当具有较高的法学素养、道德素养、政治素养和职业素养，具备较强的语言表达能力、交流沟通能力、法律适用能力、驾驭调解能力和数字化应用能力等。

5.3 基础知识要求

商事调解员应掌握的基础知识包括但不限于：

——商法学或商业行业知识；

——心理学知识；

——语言学知识。

6 学历、培训及工作经验要求

6.1 初级商事调解员

取得初级调解员资格，应当参加初级商事调解员培训，并且应当满足以下条件之一：

——高等学校大专及以上学历，从事经贸、法律等行业工作累计满3（含）年以上；

——高等学校法律专业本科毕业或者高等学校非法律专业本科毕业并具有法律专业知识。

6.2 中级商事调解员

取得中级调解员资格，应当参加中级商事调解员培训，并且应当满足以下条件之一：

——高等学校大专及以上学历，未取得初级商事调解员资质，但从事商事调解或相关职业累计工作8年（含）以上；

——高等学校大专及以上学历，取得初级商事调解员资质，从事商事调解或相关工作累计工作 3 年（含）以上。

6.3 高级商事调解员

取得高级商事调解员资格，应当参加高级商事调解员培训，并且应当满足以下条件之一：

——高等学校大专及以上学历，未取得中级商事调解员资质，从事商事调解或相关工作累计工作 10 年（含）以上；

——高等学校大专及以上学历，取得中级商事调解员资质，从事商事调解或相关工作累计工作 3 年（含）以上。

7 职业能力要求

7.1 语言表达能力

语言表达能力要求商事调解员熟练使用中文进行调解，撰写有关调解文书，并同时满足相应条件。

初级商事调解员的语言表达能力应当满足以下条件：

——能够表达自己的意思，表达思路基本清晰；

——能够理解和把握当事人的意思，能够回应当事人；

——语言顺畅，表达无误；

——会使用肢体语言表达，有说服力。

中级商事调解员的语言表达能力应当满足以下条件：

——较好表达自己的意思，表达思路比较清晰；

——较好理解和把握当事人的意思，较好回应当事人；

——语言通畅，表达正确；

——较好使用肢体语言表达，有较高说服力。

高级商事调解员的语言表达能力应当满足以下条件：

——充分表达自己的意思，表达思路非常清晰；

——充分理解和把握当事人的意思，圆满回应当事人；

——语言流畅，表达准确；

——灵活运用肢体语言，有权威说服力。

7.2　交流沟通能力

7.2.1　初级商事调解员的交流沟通能力应当满足以下条件：

——能够掌握与当事人交流沟通的基本方法与技巧；

——能够把控自己和当事人的心理和情绪；

——友好与当事人等进行有效交流；

——促使当事人达成和解协议。

7.2.2　中级商事调解员的交流沟通能力应当满足以下条件：

——熟练运用与当事人交流沟通的方法与技巧；

——较好把控自己和当事人的心理和情绪；

——友好与当事人等进行流畅交流；

——促使当事人尽快达成和解协议。

7.2.3　高级商事调解员的交流沟通能力应当满足以下条件：

——精通与当事人交流沟通的方法与技巧；

——自如把控自己和当事人的心理和情绪；

——友好与当事人等进行和谐交流；

——促使当事人尽快达成和解协议并尽力维护当事人之间的合作关系。

7.3　法律适用能力

7.3.1　初级商事调解员的法律适用能力应当满足以下条件：

——明确普通商事案件中当事人争议的法律事实、法律关系和焦点问题；

——明确当事人争议应当适用的主要法律法规；

——基本能够运用逻辑法则进行法律推理；

——恰当运用法律来分析和调解普通商事案件。

7.3.2 中级商事调解员的法律适用能力应当满足以下条件：

——明确复杂商事案件中当事人争议的法律事实、法律关系和焦点问题；

——明确当事人争议应当适用的所有法律法规；

——运用逻辑法则进行法律推理；

——熟练运用法律来分析和调解复杂商事案件。

7.3.3 高级商事调解员的法律适用能力应当满足以下条件：

——明确重大复杂或疑难商事案件中当事人争议的法律事实、法律关系和焦点问题；

——熟练运用当事人争议应当适用的所有法律法规；

——熟练运用逻辑法则进行法律推理；

——熟练运用法律来分析和调解重大复杂或疑难商事案件。

7.4 驾驭调解能力

7.4.1 初级商事调解员的驾驭调解能力应当满足以下条件：

——能够把控调解现场秩序，避免调解陷入混乱局面；

——能够基本把握当事人心理，引导调解有效进行。

7.4.2 中级商事调解员的驾驭调解能力应当满足以下条件：

——较好把控调解现场秩序，避免调解陷入拖延局面；

——较好把握当事人心理，引导调解高效进行。

7.4.3 高级商事调解员的驾驭调解能力应当满足以下条件：

——自如把控调解现场秩序，化解调解突发事件；

——洞悉当事人心理，引导调解圆满进行。

7.5 数字化应用能力

7.5.1 初级商事调解员的数字化应用能力应当满足以下条件：

——能够基本掌握数字化办公设备、软件、平台及其他新技术的常用操作；

——能够基本进行数字信息处理和线上商事调解。

7.5.2 中级商事调解员的数字化应用能力应当满足以下条件：

——较好掌握数字化办公设备、软件、平台及其他新技术的常用操作；

——顺利进行数字信息处理和线上商事调解。

7.5.3 高级商事调解员的数字化应用能力应当满足以下条件：

——熟练掌握数字化办公设备、软件、平台及其他新技术的常用操作；

——熟练进行数字信息处理和线上商事调解。

附录 3

团体标准：商事调解员职业能力要求
（征求意见稿）
征求意见汇总处理表

序号	标准章条编号	修改意见	提出单位(略)	处理意见及理由
1	1	第一段最后一句"商事调解人员的职业能力要求"建议改为"商事调解员的职业能力要求",与前后文及全文统一起来		采纳
2	1	修改商事调解人员为商事调解员,统一概念:"本文件规定了商事调解员的职业等级及划分依据,职业道德、素质和知识要求,商事调解员的学历与培训要求,商事调解人员的职业能力要求"		同上,采纳
3	4.2	建议将商事调解学术成果也单列为考量因素之一		谢谢建议,不予采纳。学术成果多为高校和科研机构等学术人员擅长,如果列入,对其他人员有些不太公平;最重要的是,本标准着重于调解实践及调解职业能力要求,理论研究成果要求与本标准主旨不太相符
4	3.1	商事调解定义较为简单,建议对何为"商事纠纷"、何为"调解"作出进一步解释		不予采纳,因为相关内容在 T/CCPITCSC 062-2020 商事调解服务规范中已经确定,且该标准已在本文件引用
5	3.1条注1	建议将"司法机构内部的调解和仲裁过程中的调解"修改为"司法程序和仲裁程序中的调解"		可以采纳
6	3.1条注2	除行政调解、人民调解之外,应该还有劳动争议调解,建议也排除在外		可以采纳

续表

序号	标准章条编号	修改意见	提出单位（略）	处理意见及理由
7	5.1	职业道德方面要求过于抽象简单，建议此条写一些具体调解过程中涉及职业道德的内容。 例如：调解员在调解程序和调解结果上应充分尊重当双方事人意思自治，独立、公正地调解案件。 调解员应保持中立地位，不代表任何一方当事人。 调解员应当引导当事人在友好协商的基础上，秉承"在商言商、以和为贵"的精神，逐步减少分歧，达成和解协议。 调解员不得强迫当事人达成和解协议。 调解员必须严守知悉的当事人的商业秘密和隐私。除非当事人同意，调解员不得公开与调解过程相关的信息。 调解员不得接受当事人请客、馈赠或提供的其他利益。 调解员本人与案件有利害关系或有其他关系，可能影响案件公正调解的，应当向调解中心及时披露相关情况，主动请求回避		不予采纳，建议中内容虽然也有涉及职业道德，但多属于基本原则的范畴
8	5.3	——商法学或商业行业知识和行业习惯； ——语言学知识及表达技巧		不予采纳，行业习惯可能属于商业惯例而包含在商法学中，有可能包含在商业行业知识中，无须特别突出。表达技巧也是语言学知识之一，也无须特别突出。如果需要强调技巧，则属于后面语言表达能力的要求

续表

序号	标准章条编号	修改意见	提出单位（略）	处理意见及理由
9	6	建议丰富和细化工作经验的要求，避免仅因为工作年限而评定为中高级。例如处理调解案件数量要求、调解领域学术成果要求		不予采纳，因为案件数量在各省各地无法量化；调解领域学术成果多属于理论范畴，与商事调解员能力要求虽然有一定关联，但是并不直接相关
10	6	建议在第6点增加各级别商事调解员资质评定和证书颁发机构，中、高级商事调解员建议由中国贸促会调解中心组织专家评审委员会评定和证书颁发，初级商事调解员建议分批授权符合条件的调解分中心组织专家评审委员会进行资质评定和证书颁发		不予采纳。颁发高、中和初各级级商事调解员的证书应当由中国贸促会商事调解中心统一办理。如果分开颁发，会损害中国贸促会商事调解中心的权威性以及执业流动性，且第6点为"学历、培训及工作经验要求"，与资质颁发关系不大
11	6	由于语言表达能力、交流沟通能力、法律适用能力以及驾驭调解能力和数字化应用能力是每一个从事商事调解工作的调解员都需要具备的能力，不宜按职业等级来划分。无论是简单的纠纷还是案情复杂的纠纷，都需要调解员具备以上能力，如果不具备以上能力，就无法开展调解工作		不予采纳。这几种能力要求在不同级别的商事调解员中要求并不相同，有程度区分，不能混淆。无论是在将来商事调解员培训中，还是在调解员升级考核中，都会进行量化打分
12	6.1	——高等学校大专及以上学历，从事经贸、法律等行业工作累计满5（含）年以上		不予采纳。从目前我国商事调解人员的数量现状以及商事调解队伍建设的规划看，5年时间过长

续表

序号	标准章条编号	修改意见	提出单位（略）	处理意见及理由
13	6.1	此条规定中第二个条件中如何判定非法律专业本科具有法律专业知识？建议修改为"……或者高等学校非法律专业本科毕业并通过国家法律职业资格考试"		不予采纳。条件过于苛刻，且与前面条件并不对等
14	6.2	——高等学校大专及以上学历，未取得初级商事调解员资质，但从事商事调解或相关职业累计工作10年（含）以上		不予采纳。从目前我国商事调解人员的数量现状以及商事调解队伍建设的规划看，10年时间过长
15	6.3	第一段"取得高级商事调解员资格，应当参加中级商事调解员培训"一句，建议改为"取得高级商事调解员资格，应当参加高级商事调解员培训"		采纳
16	6.3	此条"……应当参加中级商事调解员培训……"有误，应为"参加高级商事调解员培训"		采纳，同上
17	7	建议对"工作业绩"在职业等级划分中进行量化。理由：调解工作不是理论性的工作，而是一项实操性极强的工作，学历和工作年限不足以说明一个调解员的专业能力，但通过调解员所调解成功的商事纠纷案件的多少，可以判定其实操能力，在一定程度上能够说明其调解的专业能力。为此，建议将"工作业绩"作为职业等级的划分的一个量化指标。比如考取驾照后但从不开车，虽然年限够长，不能说明其就具备高超的驾驶技术		不予采纳。调解案件的数量在不同省份和城市有不同体现，并非所有省份的案件数量都足够供应，因此简单以案件数量来衡量工作业绩不仅难以量化，而且有失公平

续表

序号	标准章条编号	修改意见	提出单位(略)	处理意见及理由
18	7	建议"外语"能力不在"商事调解员"职业等级中体现，而应作为"涉外商事调解员"的一个指标 理由：商事纠纷涉及国内案件和国外案件。对于国内来讲，随着经济的发展，国内大量的商事纠纷案件不断涌现，且商事纠纷案件呈现多样性和复杂性，需要初级、中级和高级的商事调解员来进行调解，国内案件的调解是不需要调解员掌握外语的，但是需要中级和高级的调解员，如果在《商事调解员职业能力要求》中对中级和高级商事调解员就掌握外语进行限制，则中级和高级调解员的数量满足不了日益增长的国内商事纠纷案件的化解需求。而对于涉外的商事纠纷案件，无论案件标的额的大小以及案件复杂程度的高低，都需要使用外语进行沟通交流。为此，不建议在商事调解员的职业等级划分中加入外语的限制指标		采纳。目前我国外语教育已经普及多年，整体外语水平较高，中青年专家基本不存在外语使用问题。这对于我国涉外商事调解和国际商事调解是巨大推动。但是对于具有丰富商业行业经验的专业人士而言，可能构成调解员准入壁垒。因此，本文件此次暂时不予以考虑外语调解能力要求
19	7.1.1	——能够清楚表达自己的意思，能够善于倾听理解和把握当事人的意思		不予采纳。把握当事人的意思已经包含倾听内容，且加入该表述后语句并不通顺
20	7.1.2	——能够较好表达自己的意思，善于倾听较好理解和把握当事人的意思		不予采纳，同上
21	7.1.3	——能够充分表达自己的意思，充分倾听理解和把握当事人的意思		不予采纳，同上

续表

序号	标准章条编号	修改意见	提出单位（略）	处理意见及理由
22	7.2.1	——友好与当事人等进行有效的沟通交流； ——不失时机促使当事人达成和解协议		不予采纳，"促使"已经包含"不失时机"之义
23	7.2.2	——较好的自律把控自己和当事人的心理和情绪； ——态度友好与当事人等进行流畅交流； ——不失时机促使当事人尽快达成和解协议		不予采纳，建议增添的词汇含义已经被涵盖
24	7.2.3	——精通与当事人沟通交流的方法与技巧； ——态度友好与当事人等进行和谐交流		不予采纳，建议增添的词汇含义已经被涵盖
25	7.2.3	此条中"促使当事人尽快达成和解协议并能够维护当事人之间的合作关系"中"维护当事人之间的合作关系"要求过高，建议删除或加上程度词"……尽可能维护当事人之间的合作关系"		部分采纳。增加程度副词"尽力"
26	7.3.1	——能够明晰普通商事案件中当事人争议的法律事实、法律关系和善于归纳和整理焦点问题； ——能够明确当事人争议应当适用的主要法律法规及行业习惯		部分采纳，将"明晰"改为"明确"
27	7.3.2	——能够明晰复杂商事案件中当事人争议的法律事实、法律关系和善于归纳和整理焦点问题； ——能够明确当事人争议应当适用的所有法律法规及行业习惯		部分采纳，将"明晰"改为"明确"

续表

序号	标准章条编号	修改意见	提出单位（略）	处理意见及理由
28	7.3.3	——能够熟练运用当事人争议应当适用的所有法律法规及行业习惯； ——能够熟练运用逻辑法则进行法律推理判断		不予采纳，理由同前
29	7.4.3	——能够洞悉当事人心理，能够及时把控和解时机，引导调解圆满进行		不予采纳，语义重复
30	新增	建议在职业能力要求中单列"文字表达能力" 理由：调解的最终成果需要由调解协议来体现，特别是诉调对接工作，还需要撰写调解笔录等，如没有一定的文字表达能力，这项工作很难完成		不予采纳。文字表达能力属于语言表达能力内容之一，已经作出详细要求
31	目次	鉴于以上，对"目次"的顺序调整为 1. 范围 2. 规范性引用文件 3. 术语和定义 4. 基本要求 5. 职业能力要求 6. 职业等级划分与依据 7. 学历、培训及工作经验要求		不予采纳。无须增加"文字表达能力"，无须变更"目次"

附录 4

WIPO 调解规则
WIPO Mediation Rules

Article 1

In these Rules:

"Mediation Agreement" means an agreement by the parties to submit to mediation all or certain disputes which have arisen or which may arise between them; a Mediation Agreement may be in the form of a mediation clause in a contract or in the form of a separate contract;

"Mediator" includes a sole mediator or all the mediators where more than one is appointed;

"WIPO" means the World Intellectual Property Organization;

"Center" means the WIPO Arbitration and Mediation Center.

Words used in the singular include the plural and *vice versa*, as the context may require.

Scope of Application of Rules

Article 2

Where a Mediation Agreement provides for mediation under the WIPO Mediation Rules, these Rules shall be deemed to form part of that Mediation Agreement. Unless the parties have agreed otherwise, these Rules as in effect on the date of the commencement of the mediation shall apply.

Commencement of the Mediation

Article 3

(a) A party to a Mediation Agreement that wishes to commence a mediation shall submit a Request for Mediation in writing to the Center and to the other party. The Request for Mediation shall be delivered by e-mail or other means of electronic communication that provide a record thereof, unless a party decides to use also expedited postal or courier service.

(b) The Request for Mediation shall contain or be accompanied by:

(i) the names, addresses and telephone, e-mail or other communication references of the parties to the dispute and of the representative of the party filing the Request for Mediation;

(ii) a copy of the Mediation Agreement; and

(iii) a brief statement of the nature of the dispute.

Article 4

(a) In the absence of a Mediation Agreement, a party that wishes to propose submitting a dispute to mediation shall submit a Request for Mediation in writing to the Center. It shall at the same time send a copy of the Request for Mediation to the other party. The Request for Mediation shall include the particulars set out in Article 3 (b) (i) and (iii). The Center may assist the parties in considering the Request for Mediation.

(b) Upon request by a party, the Center may appoint an external neutral to assist the parties in considering the Request for Mediation. The external neutral may act as mediator in the dispute provided all parties agree. Articles 15 to 18 shall apply *mutatis mutandis*.

Article 5

The date of the commencement of the mediation shall be the date on which the Request for Mediation is received by the Center.

Article 6

The Center shall forthwith inform the parties in writing of the receipt by it of the Request for Mediation and of the date of the commencement of the mediation.

Appointment of the Mediator

Article 7

(a) Unless the parties have otherwise agreed themselves on the person of the mediator or on another procedure for appointing the mediator, the appointment shall take place in accordance with the following procedure:

(i) The Center shall send to each party an identical list of candidates. The list shall normally comprise the names of at least three candidates in alphabetical order. The list shall include or be accompanied by a statement of each candidate's qualifications. If the parties have agreed on any particular qualifications, the list shall contain the names of candidates that satisfy those qualifications.

(ii) Each party shall have the right to delete the name of any candidate or candidates to whose appointment it objects and shall number any remaining candidates in order of preference.

(iii) Each party shall return the marked list to the Center within seven days after the date on which the list is received by it. Any party failing to return a marked list within that period of time shall be deemed to have assented to all candidates appearing on the list.

(iv) As soon as possible after receipt by it of the lists from the parties, or failing this, after the expiration of the period of time specified in the previous subparagraph, the Center shall, taking into account the preferences and objections expressed by the parties, appoint a person from the list as mediator.

(v) If the lists which have been returned do not show a person who is acceptable as mediator to both parties, the Center shall be authorized to appoint the mediator. The Center shall similarly be authorized to do so if a person is not able or does not wish to accept the Center's invitation to be the mediator, or if there appear to be other reasons precluding that person from being the mediator, and there does not remain on the lists a person who is acceptable as mediator to both parties.

(b) Notwithstanding the procedure provided in paragraph (a), the Center shall be authorized to otherwise appoint the mediator if it determines in its discretion that the procedure described therein is not appropriate for the case.

(c) The prospective mediator shall, by accepting appointment, be deemed to have undertaken to make available sufficient time to enable the mediation to be conducted expeditiously.

Article 8

The mediator shall be neutral, impartial and independent.

Representation of Parties and Participation in Meetings

Article 9

(a) The parties may be represented or assisted in their meetings with the mediator.

(b) Immediately after the appointment of the mediator, the names and addresses of persons authorized to represent a party, and the names and positions of the persons who will be attending the meetings of the parties with the mediator on behalf of that party, shall be communicated by that party to the other party, the mediator and the Center.

Conduct of the Mediation

Article 10

The mediation shall be conducted in the manner agreed by the parties, including meetings by telephone, videoconference or using online tools. If, and to the extent that, the parties have not made such agreement, the mediator shall, in accordance with these Rules, determine the manner in which the mediation shall be conducted.

Article 11

Each party shall cooperate in good faith with the mediator to advance the mediation as expeditiously as possible.

Article 12

The mediator shall be free to meet and to communicate separately with a party on the clear understanding that information given at such meetings and in such communications shall not be disclosed to the other party without the express authorization of the party giving the information.

Article 13

(a) As soon as possible after being appointed, the mediator shall, in consultation with the parties, establish a timetable for the submission by each party to the mediator and to the other party of a statement summarizing the background of the dispute, the party's interests and contentions in relation to the dispute and the present status of the dispute, together with such other information and materials as the party considers necessary for the purposes of the mediation and, in particular, to enable the issues in dispute to be identified.

(b) The mediator may at any time during the mediation suggest that a party provide such additional information or materials as the mediator deems useful.

(c) Any party may at any time submit to the mediator, for consideration by the mediator only, written information or materials which it considers to be confidential. The mediator shall not, without the written authorization of that party, disclose such information or materials to the other party.

Role of the Mediator

Article 14

(a) The mediator shall promote the settlement of the issues in dispute between the parties in any manner that the mediator believes to be appropriate, but shall have no authority to impose a settlement on the parties.

(b) Where the mediator believes that any issues in dispute between the parties are not susceptible to resolution through mediation, the mediator may propose, for the consideration of the parties, procedures or means for resolving those issues which the mediator considers are most likely, having regard to the circumstances of the dispute and any business relationship between the parties, to lead to the most efficient, least costly and most productive settlement of those issues. In particular, the mediator may so propose:

(i) an expert determination of one or more particular issues;

(ii) arbitration;

(iii) the submission of last offers of settlement by each party and, in the absence of a settlement through mediation, arbitration conducted on the basis of those last offers pursuant to an arbitral procedure in which the mission of the arbitral tribunal is confined to determining which of the last offers shall prevail.

Confidentiality

Article 15

No recording of any kind shall be made of any meetings of the parties with the mediator.

Article 16

Each person involved in the mediation, including, in particular, the mediator, the parties and their representatives and advisors, any independent experts and any other persons present during the meetings of the parties with the mediator, shall respect the confidentiality of the mediation and may not, unless otherwise agreed by the parties and the mediator, use or disclose to any outside party any information concerning, or obtained in the course of, the mediation. Each such person shall sign an appropriate confidentiality undertaking prior to taking part in the mediation.

Article 17

Unless otherwise agreed by the parties, each person involved in the mediation shall, on the termination of the mediation, return, to the party providing it, any brief, document or other materials supplied by a party, without retaining any copy thereof. Any notes taken by a person concerning the meetings of the parties with the mediator shall be destroyed on the termination of the mediation.

Article 18

Unless otherwise agreed by the parties, the mediator and the parties shall not introduce as evidence or in any manner whatsoever in any judicial or arbitration proceeding:

(i) any views expressed or suggestions made by a party with respect to a possible settlement of the dispute;

(ii) any admissions made by a party in the course of the mediation;

(iii) any proposals made or views expressed by the mediator;

(iv) the fact that a party had or had not indicated willingness to accept any proposal for settlement made by the mediator or by the other party;

(v) any settlement agreement between the parties, except to the extent necessary in connection with an action for enforcement of such agreement or as otherwise required by law.

Termination of the Mediation

Article 19

The mediation shall be terminated:

(ⅰ) by the signing of a settlement agreement by the parties covering any or all of the issues in dispute between the parties;

(ⅱ) by the decision of the mediator if, in the mediator's judgment, further efforts at mediation are unlikely to lead to a resolution of the dispute; or

(ⅲ) by a written declaration of a party at any time.

Article 20

(a) Upon the termination of the mediation, the mediator shall promptly send to the Center a notice in writing that the mediation is terminated and shall indicate the date on which it terminated, whether or not the mediation resulted in a settlement of the dispute and, if so, whether the settlement was full or partial. The mediator shall send to the parties a copy of the notice so addressed to the Center.

(b) The Center shall keep the said notice of the mediator confidential and shall not, except to the extent necessary in connection with an action for enforcement of a settlement agreement or as otherwise required by law, disclose either the existence or the result of the mediation to any person without the written authorization of the parties.

(c) The Center may, however, include information concerning the mediation in any aggregate statistical data that it publishes concerning its activities, provided that such information does not reveal the identity of the parties or enable the particular circumstances of the dispute to be identified.

Article 21

Unless required by a court of law or authorized in writing by the parties, the mediator shall not act in any capacity whatsoever, otherwise than as a mediator, in any pending or future proceedings, whether judicial, arbitral or otherwise, relating to the subject matter of the dispute.

Administration Fee

Article 22

(a) The Request for Mediation shall be subject to the payment to the Center of an administration fee, the amount of which shall be fixed in accordance with the Schedule of Fees applicable on the date of the Request for Mediation.

(b) The administration fee shall not be refundable.

(c) No action shall be taken by the Center on a Request for Mediation until the administration fee has been paid.

(d) If a party who has filed a Request for Mediation fails, within 15 days after a reminder in writing from the Center, to pay the administration fee, it shall be deemed to have withdrawn its Request for Mediation.

Fees of the Mediator

Article 23

(a) The amount and currency of the fees of the mediator and the modalities and timing of their payment shall be fixed by the Center, after consultation with the mediator and the parties.

(b) The amount of the fees shall, unless the parties and the mediator agree otherwise, be calculated on the basis of the hourly or, if applicable, daily indicative rates set out in the Schedule of Fees applicable on the date of the Request for Mediation, taking into account the amount in dispute, the complexity of the subject matter of the dispute and any other relevant circumstances of the case.

Deposits

Article 24

(a) The Center may, at the time of the appointment of the mediator, require each party to deposit an equal amount as an advance for the costs of the mediation, including, in particular, the estimated fees of the mediator and the other expenses of the mediation. The amount of the deposit shall be determined by the Center.

(b) The Center may require the parties to make supplementary deposits.

(c) If a party fails, within 15 days after a reminder in writing from the Center, to pay the required deposit, the mediation shall be deemed to be terminated. The Center shall, by notice in writing, inform the parties and the mediator accordingly and indicate the date of termination.

(d) After the termination of the mediation, the Center shall render an accounting to the parties of any deposits made and return any unexpended balance to the parties or require the payment of any amount owing from the parties.

Costs

Article 25

Unless the parties agree otherwise, the administration fee, the fees of the mediator and all other expenses of the mediation, including, in particular, the required travel expenses of the mediator and any expenses associated with obtaining expert advice, shall be borne in equal shares by the parties.

Exclusion of Liability

Article 26

Except in respect of deliberate wrongdoing, the mediator, WIPO and the Center shall not be liable to any party for any act or omission in connection with any mediation conducted under these Rules.

Waiver of Defamation

Article 27

The parties and, by accepting appointment, the mediator agree that any statements or comments, whether written or oral, made or used by them or their representatives in preparation for or in the course of the mediation shall not be relied upon to found or maintain any action for defamation, libel, slander or any related complaint, and this Article may be pleaded as a bar to any such action.

Suspension of Running of Limitation Period under the Statute of Limitations

Article 28

The parties agree that, to the extent permitted by the applicable law, the running of the limitation period under any applicable statute of limitations or an equivalent rule shall be suspended in relation to the dispute that is the subject of the mediation from the date of the commencement of the mediation until the date of the termination of the mediation.

附录 5

日本商事仲裁协会国际商事调解规则

CHAPTER I General Provisions

Article 1 Purpose

These Commercial Mediation Rules (the "Rules") set out the procedures and other necessary matters relating to mediation administered by the JCAA to resolve commercial disputes.

Article 2 Definitions

1. The term "**JCAA**" means the Japan Commercial Arbitration Association.

2. The term "**Party**" or "**Parties**" means one or more applicants and respondents.

3. The term "**Mediator**" includes more than one mediator.

4. The term "**in writing**" includes hard copy and electronic documents. Electronic documents include electronic, magnetic and any other recording media used in information processing by a computer or other electronic device.

5. The term "**Mediation Agreements**" means an agreement of the Parties to mediation administered by the JCAA.

6. The term "**List of Candidates for Mediators**" means the list prepared by the JCAA specifically for each mediation by reference to the JCAA's database of candidates of mediators or any other resources.

7. The term "**Mediation Commencement Date**" means either the date:

(1) the JCAA notifies the parties of the request for mediation

under Article 12.5, where there is a prior Mediation Agreement; or

(2) the JCAA notifies the Parties under Article 13.5 that the JCAA acknowledges receipt of the respondent's written acceptance of the proposal to mediate under Article 13.1, in the absence of a prior Mediation Agreement.

Article 3　Derogation from the Rules

Where the Rules apply, the Rules govern the mediation proceedings and the relationships between the Parties, the mediators and the JCAA. However, the Parties may agree to vary any of the Rules, except for Chapter V of the Rules.

Article 4　Interpretation of the Rules

1. The authentic texts of the Rules are Japanese and English. In the event of any difference or inconsistency between these two versions, the Japanese version shall prevail.

2. In the event of any difference as to the interpretation of the Rules, the interpretation by the JCAA shall prevail.

Article 5　Manner of Communication

Any notice, submission or transmission under the Rules shall be sent by courier, registered mail, e-mail, or any other reasonable means, unless otherwise agreed by the Parties.

Article 6　Administrative Body and Secretariat

The JCAA shall administer the mediation proceedings under the Rules.

Article 7　Communication Language with the JCAA

Communications between the JCAA and the Parties, or between

the JCAA and the Mediator, shall be in either English or Japanese.

Article 8 List of Candidates for Mediators

If requested, the JCAA shall provide a List of Candidates for Mediators to a Party to assist that Party to appoint a mediators. The Parties may appoint a person who is not on the List of Candidates for Mediator as a Mediator.

Article 9 Representation and Assistance

A Party may be represented or assisted by any person of its choice in mediation proceedings under the Rules.

Article 10 Change or Fix of Time Period

If requested by the Parties or the Mediator, or the JCAA considers it necessary, the JCAA may fix or change any time period concerning the mediation proceedings under the Rules.

Article 11 Exclusion of Liability

Neither the Mediator nor the JCAA (including its directors, officers, employees and other staff) shall be liable for any act or omission in connection with the mediation proceedings unless such act or omission constitutes willful misconduct or gross negligence.

CHAPTER II Commencement of Mediation

Article 12 Commencement of Mediation when Prior Mediation Agreement Exists

1. To commence mediation under a prior Mediation Agreement, the applicant shall submit a request for mediation (the "**Request for**

Mediation") in writing to the JCAA, together with a copy of the Mediation Agreement.

2. The Request for Mediation under Article 12. 1 shall set forth the following:

(1) the Parties' full names (if a Party is a legal entity or other association, the corporate name and the name of the Party's representative), street address and other contact details (including telephone number and e-mail address);

(2) the full name, street address and other contact details (including telephone number and the e-mail address) of applicant's counsel, if the applicant is represented by counsel;

(3) a summary of the dispute [including the claim(s) if it is identifiable]; and

(4) any agreement between the Parties or any applicant's proposal as to the following:

(a) the Mediator's name or the procedures for appointment of the Mediator (including the number of the Mediators);

(b) the process for conducting the mediation proceedings (including whether the Mediator shall suggest to all the Parties its proposals for settlement);

(c) the time limit for concluding the mediation;

(d) the language(s) of the mediation; and

(e) the calculation method for the Mediator's remuneration.

3. If the applicant is represented by counsel, a power of attorney

shall be submitted to the JCAA with the Request for Mediation.

4. When the applicant submits a Request for Mediation, it shall pay the JCAA the filing fee. If the applicant fails to pay such filing fee in full within the time limit fixed by the JCAA, the JCAA shall deem that no Request for Mediation has been submitted.

5. After the JCAA has confirmed that the Request for Mediation has been submitted in accordance with Articles 12.2 to 12.4, the JCAA shall promptly notify the Parties thereof. A copy of the Request for Mediation shall be attached to such notice to the respondent, unless it is filed jointly by all the Parties.

Article 13 Commencement of Mediation when No Prior Mediation Agreement Exists

1. Where there is no prior Mediation Agreement, the applicant may still submit a Request for Mediation in writing to the JCAA, which sets forth the following:

(1) The proposal to the respondent that the disputes be referred to mediation under the Rules; and

(2) the matters provided for in Article 12.2.

2. If the applicant is represented by counsel, a power of attorney shall be submitted to the JCAA with the Request for Mediation.

3. When the applicant submits a Request for Mediation, it shall pay the JCAA the filing fee. If the applicant fails to pay such filing fee in full within the time limit fixed by the JCAA, the JCAA shall deem that no Request for Mediation has been submitted.

4. After the JCAA has confirmed that the Request for Mediation has been submitted in accordance with Articles 13.1 to 13.3, the JCAA shall promptly notify the Parties thereof and ask the respondent whether it accepts the proposal to mediate under Article 13.1. A copy of the Request for Mediation shall be attached to such notice to the respondent.

5. If the JCAA receives the respondent's written acceptance of the proposal to mediate under Article 13.1 (1), the JCAA shall promptly acknowledge its receipt and transmit such written acceptance to the applicant. The Mediation Agreement is deemed to have been reached between the Parties on the date when the JCAA receives such written acceptance.

6. If the JCAA does not acknowledge receipt of the respondent's written acceptance of the proposal to mediate under Article 13.1 (1) within two weeks from the respondent's receipt of the notice of the Request for Mediation under Article 13.4, the JCAA shall promptly notify the applicant that the mediation proceedings shall not commence.

Article 14　Reply

1. Within two weeks from the Mediation Commencement Date, the respondent shall submit in writing to the JCAA a reply responding to the Request for Mediation (the "**Reply**").

2. If the respondent is represented by counsel, a power of attorney shall be submitted to the JCAA with the Reply.

3. On receipt of the Reply, the JCAA shall promptly transmit a copy thereof to the applicant.

CHAPTER III Mediator

Article 15 Impartiality and Independence of Mediator

1. A person who is not impartial and independent shall decline to accept an appointment as the Mediator. The Mediator shall be, and remain at all times, impartial and independent during the mediation proceedings.

2. When a person is approached in connection with his or her possible appointment as the Mediator, he or she shall conduct a reasonable investigation into any circumstances which may, in the eyes of the Parties, give rise to justifiable doubts as to his or her impartiality or independence. If he or she finds such circumstances, he or she shall either decline to accept the appointment or may disclose such circumstances in writing to enable the approaching person to decide whether or not to withdraw its request for appointment.

3. When a person is appointed as the Mediator, he or she shall promptly submit in writing to the JCAA his or her undertaking to disclose any circumstances which may give rise to justifiable doubts as to his or her impartiality or independence, or to declare that there are no such circumstances (the " **Declaration of Impartiality and Independence**") . The Declaration of Impartiality and Independence may be submitted either through the Party which has appointed him or her, or directly to the JCAA.

4. During the course of the mediation proceedings, the Mediator

shall have an ongoing duty to make reasonable investigation into any circumstances which may, in the eyes of the Parties, give rise to justifiable doubts as to the mediator's impartiality or independence. If the Mediator finds such circumstances, the Mediator shall promptly disclose to the Parties and the JCAA in writing such circumstances, unless the Mediator has already disclosed such circumstances. An advance declaration in relation to such circumstances that may possibly arise in the future does not discharge the Mediator's ongoing duty of disclosure.

Article 16　Appointment and Confirmation of Mediator

1. The Mediator shall be appointed pursuant to the agreement of the Parties.

2. If the Parties have not executed any agreement provided for in Article 16.1, the Mediator shall be appointed under Article 17.

3. Where a Party or Parties appoint the Mediator, or the Mediator already appointed by a Party or the Parties (the "**Party-Appointed Mediators**") appoints another Mediator, the appointment of such Mediator shall be effective only after confirmation by the JCAA.

4. On appointment of the Mediator by a Party, the Parties or the Party-Appointed Mediators, such Party, Parties and Party-Appointed Mediators shall promptly submit in writing to the JCAA for its confirmation under Article 16.3:

(1) a notice of appointment of the Mediator setting forth the appointed Mediator's name, street address and other contact details (i.e., telephone number and e-mail address) and occupation;

(2) a document setting forth the Mediator's acceptance of appointment; and

(3) Declaration of Impartiality and Independence.

5. The JCAA shall promptly transmit a copy of the documents under Article 16.4 to the Party (or Parties) and the Mediator other than those who submitted those documents.

6. When confirming or appointing the Mediator, the JCAA shall consider the prospective Mediator's background, nationality, place of residence, language skill, expertise, experience as mediator, availability, any circumstances disclosed by the Mediator under Article 15.2 or 15.3 and any other relevant factors.

7. The JCAA shall refuse to confirm the appointment of the Mediator if the JCAA finds that the appointment is clearly inappropriate, including but not limited to similar circumstances to those provided for in Article 23 (1) of Code of Civil Procedure of Japan[①]. Prior to such refusal, if

---

[①] Article 23 (1) In the following cases, a judge is disqualified from performing the duties of a judge; provided, however, that in the case set forth in item (vi), this does not preclude a judge from performing duties as a commissioned judge based on a commission from another court: (i) if the judge, or the judge's spouse or former spouse, is a party to the case, or is related to a party to the case as a joint obligee, joint obligor, or obligor for redemption; (ii) if the judge is or was formerly the relative of a party to the case within the fourth degree of consanguinity or the third degree of affinity, or is or was formerly the cohabiting relative of a party to the case; (iii) if the judge is the guardian, supervisor of the guardian, curator, supervisor of the curator, assistant, or supervisor of the assistant of a party to the case; (iv) if the judge becomes a witness or expert in the case; (v) if a judge is or was formerly a party's representative or assistant in court in the case; (vi) if the judge participated in granting an arbitral award in the case or participated in reaching the judicial decision in the prior instance against which an appeal has been entered.

the JCAA considers it appropriate, the JCAA may provide a Party, the Parties or the Party-Appointed Mediator that have appointed the Mediator with an opportunity to state their opinions.

8. Upon confirming the appointment of the Mediator, the JCAA shall promptly notify such confirmation to the Parties and the Mediator.

9. If the appointment of the Mediator is not confirmed by the JCAA, the JCAA shall promptly notify thereof to the Party, the Parties or the Party-Appointed Mediators who have appointed the Mediator. Such Party, Parties, or the Party-Appointed Mediators shall, within two weeks from their receipt of such notice, notify the JCAA of the appointment of another Mediator by submitting the documents provided for in Article 16.4.

10. If the Party, the Parties, or the Party-Appointed Mediator fail to notify the JCAA of the appointment of another Mediator within the time limit fixed under Article 16.9, the JCAA shall appoint such Mediator under Articles 17.5 and 17.6.

Article 17　Procedures for Appointment of Mediator

1. If the Parties fail to notify the JCAA of their agreement on the number of Mediators within two weeks from the Mediation Commencement Date, such number shall be one, and the Parties shall jointly appoint a single mediator.

2. Where the Parties agree that the number of the Mediators shall be two but fail to agree on the procedures for appointment of the two Mediators, the Parties shall appoint the two Mediators under the

following procedures:

(1) where the number of the Parties is two, each Party shall appoint one Mediator; or

(2) where the number of the Parties is three or more, the applicant(s) and the respondent(s) respectively shall appoint one Mediator. However, if the JCAA considers it appropriate, the JCAA may establish different procedures for appointment of the Mediator after giving the Parties an opportunity to comment.

3. Where the Parties agree that the number of the Mediator shall be three but fail to agree on the procedures of appointment of the three Mediators, the Parties shall appoint the three Mediators under the following procedures:

(1) where the number of the Parties is two, each Party shall appoint one Mediator and the two Party-Appointed Mediators shall agree to appoint the third Mediator; or

(2) where the number of the Parties is three or more, the applicant(s) and the respondent(s) respectively shall appoint one Mediator and the two Party-Appointed Mediators shall agree to appoint the third Mediator. However, if the JCAA considers it appropriate, the JCAA may establish different procedures for appointment of the Mediator after giving the Parties an opportunity to comment.

4. Where the Parties or the Party-Appointed Mediators appoint the Mediator under Articles 17.1 through 17.3, and the Parties fail to notify the JCAA of the appointment of any Mediator by submitting the

documents provided for in Article 16.4 within four weeks from the Mediation Commencement Date, the JCAA shall appoint such Mediator.

5. Where the JCAA appoints the Mediator under Article 17.4, the JCAA shall send the Parties the List of Candidates for Mediators. Within one week from receipt of this List, each Party shall respectively delete the name of any candidates to whom the Party objects, number the remaining candidates in order of preference, and notify in writing the JCAA thereof.

6. Once the JCAA receives the notice from the Parties under Article 17.5 or after the time limit under Article 17.5 expires if the JCAA does not receive the notice from any Party within such time limit, the JCAA shall promptly appoint the Mediator taking into account the order of preference expressed by the Parties and any other relevant circumstances, and notify the Parties of such appointment. A copy of the documents under Articles 16.4 (2) and 16.4 (3) shall be attached to such notice.

Article 18　Challenge to Mediator

1. A Party may challenge the Mediator if circumstances give rise to justifiable doubts as to the Mediator's impartiality or independence.

2. A Party that intends to challenge the Mediator shall submit in writing to the JCAA a request for challenge (the "**Request for Challenge**") within two weeks from the date of its receipt of the notice by the JCAA confirming the appointment of the Mediator (the

notice of appointment of the Mediator, if the Mediator is appointed by the JCAA) or the date when it became aware of any circumstance under Article 18. 1, whichever comes later.

3. On receipt of the Request for Challenge, the JCAA shall promptly notify the other Party and the Mediator thereof.

4. The JCAA shall send a copy of the Request for Challenge to the other Party and the challenged Mediator and make a decision on the challenge, after giving the other Party and the challenged Mediator an opportunity to comment.

Article 19　Removal of Mediator

1. At the written request of either Party or on its own motion, and after giving the Parties and the challenged Mediator an opportunity to comment, the JCAA may remove any Mediator if:

(1) he or she fails to perform his or her duties;

(2) he or she unduly delays in the performance of his or her duties; or

(3) it has become inappropriate to perform his or her duties.

2. The Parties may agree to remove the Mediator.

3. If the JCAA finds circumstances similar to those provided for in Article 23 (1) of Code of Civil Procedure of Japan with regard to a Mediator, the JCAA shall remove the Mediator.

Article 20　Appointment of Substitute Mediator

1. The JCAA shall promptly notify the Parties and the other Mediator if any Mediator ceases to perform his or her duties due to

challenge, removal, resignation, or death.

2. If the Mediator who has ceased to perform his or her duties was appointed by a Party, the Parties or the Party-Appointed Mediators, such Party, Parties or Party-Appointed Mediators shall notify the JCAA of the appointment of the substitute Mediator by submitting the document provided for in Article 16.4 within two weeks from their receipt of the notice under Article 20.1. If such Party, Parties or the Party-Appointed Mediators fail to do so, the JCAA shall appoint the substitute Mediator under Articles 17.5 and 17.6.

3. If the Mediator who ceases to perform his or her duties was appointed by the JCAA under Article 20.1, the JCAA shall appoint a substitute mediator under Articles 17.5 and 17.6.

CHAPTER Ⅳ Mediation Proceedings

Article 21 Conduct of Mediation Proceedings

1. During the mediation proceedings, the Mediator shall act diligently and fairly, and help the Parties to resolve their disputes among themselves.

2. Upon being confirmed or appointed by the JCAA, the Mediator shall promptly discuss with the Parties the process of conducting the mediation proceedings including the following, and conduct the mediation expeditiously:

(1) the language(s) of the mediation;

(2) the schedule and the manner of exchanging the written

statements and documents;

(3) the date and place of the mediation session;

(4) whether the mediator shall suggest to all the Parties its proposals for settlement and, if so, the timing thereof; and

(5) the time limit for concluding the mediation.

3. Where the Parties agree on the process for conducting the mediation proceedings, the Mediator shall conduct the mediation proceedings based upon such Parties' agreement.

Article 22   Separate Discussion

1. Unless otherwise agreed by the Parties, the Mediator may discuss with a Party separately. However, in such circumstances, the Mediator shall disclose to all the other Parties the fact that such separate discussions have taken place.

2. The Mediator may not disclose any information to the other Parties that the Mediator has obtained in separate discussions with a Party unless the disclosing Party has authorized the disclosure.

Article 23   Confidentiality

1. The mediation proceedings shall be held in private, and all records thereof shall be closed to the public.

2. The Mediator, the Parties, their counsels and assistants, the JCAA's officers and other staff, and other persons involved in the mediation proceedings shall not disclose facts related to or learned through the mediation proceedings. The same shall apply to them after their resignation, retirement, or completion of their duties.

3. Article 23. 2 shall not apply where such disclosure is required by law, is necessary to implement, enforce or set aside the settlement agreement, or based on any other justifiable grounds.

4. Notwithstanding Article 23. 2, Article 24 shall apply where the Parties present and prove the case in judicial, arbitral or similar proceedings pending between the Parties.

Article 24　Effect of Case Presented in Mediation Proceedings

1. If any Party presents the case, gives testimony or introduces evidence during the mediation proceedings, this does not affect the rights and duties of the Party.

2. Unless otherwise agreed by the Parties, a Party shall not in judicial, arbitral, or similar proceedings pending between the Parties present the case, or give or seek testimony regarding the following:

(1) the fact that the other Party proposed to conduct mediation proceedings or accepted the proposal to mediate, not including the fact that the mediation proceedings are taking place or has taken place;

(2) the fact that the other Party made admissions or any other statements as to specific matters during the mediation proceedings;

(3) any proposals for settlement made by the other Party or the Mediator during the mediation proceedings;

(4) views expressed or suggestions made by the other Party in respect of the proposals for settlement under Article 24. 2 (3); and

(5) the fact that the other Party indicated its willingness to accept a proposal for settlement.

3. Unless otherwise agreed by the Parties, a Party shall not in judicial, arbitral, or similar proceedings pending between the Parties introduce as evidence or make a request for disclosure regarding the following:

(1) a document or any other materials setting forth the matters provided for in Article 24.2; and

(2) a document or any other materials prepared solely for purposes of the mediation proceedings.

4. Articles 24.2 and 24.3 shall not apply where:

(1) the Parties need to state the case, give testimony or introduce evidence under Articles 24.2 and 24.3 for the purpose of implementing, enforcing or setting aside the settlement agreement; or

(2) any law requires the Parties to state the case, give testimony or introduce evidence under Articles 24.2 and 24.3.

5. A Party shall not state in judicial, arbitral, or similar proceedings pending between the Parties that the other Parties waived their right to reject the disclosure, solely on the ground that during the mediation proceedings the other Party presents its case, gives testimony or introduces evidence regarding the matter which the other Parties may otherwise refuse to disclose.

Article 25　Time Limit for Concluding Mediation

1. The Parties may agree on the time limit for concluding the mediation proceedings or, if the time limit is extended, the extended time limit.

2. Where the Parties have not agreed on the time limit under Article 25.1, such time limit shall be three months from the date when all the Mediators are appointed or confirmed by the JCAA. Such time limit shall remain the same even if a substitute Mediator is appointed due to challenge, removal, resignation, or death unless the Parties agree to extend the time limit.

Article 26　Settlement

1. Where a settlement is reached between the Parties in the course of the mediation proceedings, the Parties shall notify the Mediator thereof and submit a copy of the settlement agreement to the JCAA.

2. Prior to the submission under Article 26.1, the Mediator shall sign the settlement agreement as a witness upon the request of all Parties.

3. Either Party may request the JCAA to attest that the mediation agreement has resulted from the mediation administered by the JCAA.

Article 27　Arbitral Award Based on Settlement

Where a settlement is reached between the Parties, the Parties may agree in writing to appoint the Mediator as arbitrator and request such arbitrator to record the settlement in the form of an arbitral award.

Article 28　Termination of Mediation Proceedings

1. The mediation proceedings shall be terminated upon any of the following circumstances:

(1) a copy of the settlement agreement in respect of all the disputes subject to mediation is submitted to the JCAA;

(2) the respondent fails to submit the Reply to the JCAA within the time limit under Article 14.1. However, where there is more than one respondent, the mediation proceedings shall be terminated only with regard to the respondent failing to submit the Reply;

(3) all the Mediators are not appointed or confirmed by the JCAA due to a Party's objection under Article 17.5 within three months from the date when the JCAA initially sends the Parties the List of Candidates for Mediator(s);

(4) the time limit for concluding the mediation proceedings under Article 25 has expired;

(5) the Mediator or the JCAA receives a notice of withdrawal by any Party. However, where the number of the Parties is three or more, the mediation proceedings shall be terminated only with regard to the withdrawing Party;

(6) when two weeks have passed from the day following the date on which the Parties or the JCAA receives the decision from the Mediator that there is no likelihood of settlement on the grounds that, among others, any Party appears unwilling to reach settlement or the difference in the Parties' positions does not close. However, the mediation proceedings shall not be terminated if all the Parties request the Mediator to continue the mediation proceedings within this time limit; or

(7) the JCAA notifies the Parties in writing of its decision to terminate the mediation proceedings under Article 35.2 on the ground that a Party has failed to pay the deposit to the JCAA.

2. If the mediation proceedings is terminated under Article 28.1, the JCAA shall promptly notify in writing the Parties and the Mediator thereof.

Article 29　Commencement or Continue of Other Proceedings

Any Party may commence or continue judicial, arbitral or similar proceedings in respect of the disputes subject to mediation unless the Parties have agreed otherwise or unless prohibited by law.

CHAPTER V　Fees and Costs

Article 30　Remuneration of Mediator

1. The amount of each Mediator's remuneration shall be based on the hourly rate of JPY 50,000 (not including consumption tax) multiplied by the number of hours reasonably required to conduct the following tasks during the mediation proceedings (the "Mediation Hours"); except only half of the traveling time the Mediator spends for the mediation proceedings shall be included in the Mediation Hours:

(1) communicating with the Parties and the JCAA;

(2) preparing or drafting notices or any other documents;

(3) reviewing any written statements or documents submitted by the Parties;

(4) conducting research on legal or technical issues;

(5) preparing for the mediation sessions and, to the extent necessary for such preparation, discussing among the Mediators;

(6) attending the mediation sessions; and

(7) any other tasks which are required to conduct the mediation proceedings.

2. Notwithstanding Article 30.1, the remuneration of the Mediator may be calculated by any of the following methods if all the Parties so agree:

(1) fixed-fee;

(2) the hourly rate or the fixed-fee amount shall increase if a settlement is reached between the Parties during the mediation proceedings; or

(3) any other calculation method.

3. The JCAA shall determine the remuneration of the Mediator who ceases to perform his or her duties due to challenge, removal, resignation, or death unless agreed otherwise by all the Parties and such Mediator.

4. The Mediator shall provide the JCAA with a monthly report by the 20th of the following month that states the Mediation Hours and a description of the work performed for each day. The JCAA shall share this report with the Parties if any Party so requests.

Article 31 Payment of Mediator's Remuneration

1. The Parties shall bear the Mediator's remuneration and entrust to the JCAA the necessary work for payment of such remuneration.

2. The JCAA shall pay to the Mediator his or her remuneration promptly following the termination of the mediation proceedings.

Article 32　Mediator's Expenses

1. Unless otherwise agreed by the Parties, the Mediator shall be entitled to reimbursement by the JCAA of the following expenses incurred to the extent reasonable and required for the mediation proceedings:

（1）transportation expenses (business-class airfares and equivalent class fares for other modes of transportation);

（2）cost of post, courier, telephone calls, copies or any other expenses that the JCAA finds reasonable taking into consideration the nature of the case.

2. If the Mediator is required to use overnight accommodation, the Mediator shall be paid JPY 60,000 per night as the flat rate of *per diem* allowance which covers hotel charges, meals and other personal living expenses.

3. The Parties shall bear the expenses and *per diem* allowance under Articles 32.1 and 32.2 and entrust to the JCAA the necessary work for reimbursement and payment of such expenses and allowance.

4. The JCAA shall reimburse the Mediator's expenses and pay the *per diem* allowance under Articles 32.1 and 32.2 if the Mediator submits to the JCAA the receipt or any equivalent documentary evidence thereof.

Article 33　Filing Fee

1. The filing fee that the applicant shall pay at the time of submitting a request for mediation shall be JPY 50,000 (not including consumption tax).

2. The JCAA shall not refund to the applicant the filing fee once the mediation proceedings commence.

Article 34　Administrative Fee and Reasonable Expenses with Respect to the Mediation Proceedings

1. The administrative fee that the Parties shall pay to the JCAA is 10% of the total amount of the remuneration of the Mediator calculated under Article 30.

2. The Parties shall bear the administrative fee and reasonable expenses incurred with respect to the mediation proceedings.

Article 35　Deposit and Accounting

1. Following the commencement of the mediation proceedings, the JCAA shall request the Parties to make a deposit, in one or more times as the case may be, to cover the Mediator's remuneration and expenses, the administrative fee and reasonable expenses incurred with respect to the mediation (the "**Mediation Costs**").

2. The JCAA may suspend or terminate the mediation proceedings if any Party fails to make the deposit under Article 35.1, unless any other Party otherwise makes the deposit of such amount not deposited.

3. Upon termination of the mediation proceedings, if the total amount of deposit paid by the Parties to the JCAA exceeds the total amount of the Mediation Costs, the JCAA shall promptly refund the excess amount to either or both of the Parties.

4. Where any Party withdraw from the mediation proceedings under Article 28.1 (2) or Article 28.1 (5) and if the deposit paid

by the Parties exceeds the amount of the Mediation Costs already incurred, the JCAA shall promptly refund a part of the excess amount, as the case may be, to such withdrawing Party.

5. Mediation Costs shall be equally apportioned among the Parties unless otherwise agreed by the Parties.

Supplementary Provisions

1. The Rules shall come into effect on February 1, 2020.

2. Any mediation proceedings commenced under the Commercial Mediation Rules or the International Commercial Mediation Rules before the Rules come into effect shall be governed by Commercial Mediation Rules or International Commercial Mediation Rules; provided that subsequent proceedings may, upon agreement of the Parties, be conducted pursuant to the Rules. In the event of such an agreement between the Parties, the mediation proceedings that have already been conducted shall remain valid.

3. The Rules shall apply where the applicant request the commencement of the mediation proceedings based on the agreement that the mediation shall be conducted under the International Commercial Mediation Rules after the Rules come into effect.

附录 6

JAMS 国际调解规则[①]
JAMS International Mediation Rules

[①] https://www.jamsadr.com/international-mediation-rules. 需要注意的是,这些规则版权归 JAMS 所有。未经 JAMS 许可,不得以任何方式复制、重印或使用这些规则,除非调解各方将其用作调解规则。

Table of Contents

- Application of Rules
- Initiation of Mediation
- Appointment of the Mediator
- Disclosures and Replacement of a Mediator
- Representation
- Date, Time and Place of the Mediation
- Conduct of the Mediation and Authority of the Mediator
- Privacy
- Confidentiality
- Exclusion of Liability
- Interpretation and Application of the Rules
- Administrative Fees
- Role of Mediator in Other Proceedings
- Resort to Arbitral or Judicial Proceedings
- Governing Law and Jurisdiction
- Termination of the Mediation
- Settlement Agreements

Application of Rules

1. These Rules apply to the mediation of disputes where the parties seek the settlement of such disputes and where, either by stipulation in a contract or by agreement, they have agreed that these

Rules will apply. The parties may agree to vary these Rules at any time.

Initiation of Mediation

2. Any party or parties to a dispute wishing to initiate mediation may do so by filing with JAMS International a submission to mediation or a written request for mediation pursuant to these Rules.

3. A party may request JAMS International to invite another party to participate in mediation. Upon receipt of such a request, JAMS International will contact the other party involved in the dispute and attempt to obtain an agreement to participate in mediation.

4. A request for mediation should contain a brief statement of the nature of the dispute. It shall also set forth the contact information of all parties to the dispute and the counsel, if any, who will represent them in the mediation.

Appointment of the Mediator

5. Upon receipt of a request for mediation, and if the parties have not jointly notified JAMS International of their mutual choice of a mediator, JAMS International will provide the parties with a list of no fewer than five persons who would, in JAMS International's view, be qualified to mediate the dispute. In compiling the list, JAMS International will take into account the nationalities of the parties, the language in which the mediation will be conducted, the place of the mediation and any substantive expertise that may be required or

helpful. Each party may strike up to two names and will number the remaining names in the order of preference. In light of the parties' expressed preferences, JAMS International will appoint the mediator. Normally, a single mediator will be appointed, unless the parties agree otherwise. JAMS International may recommend co-mediators in appropriate cases.

Disclosures and Replacement of a Mediator

6. Any mediator, whether selected jointly by the parties or appointed by JAMS International, will disclose both to JAMS International and to the parties whether he or she has any financial or personal interest in the outcome of the mediation or whether there exists any fact or circumstance reasonably likely to create a presumption of bias. Upon receiving any such information, after soliciting the views of the parties, JAMS International may replace the mediator, preferably from the lists of acceptable mediators previously returned by the parties.

Representation

7. Any party may be represented by persons of the party's choice. Representation by counsel is not required. Parties other than natural persons are expected to have present throughout the mediation an officer, partner or other employee authorized to make decisions concerning the resolution of the dispute.

Date, Time and Place of the Mediation

8. The mediator will fix the date and the time of each mediation session. The mediation will be held at a JAMS International office convenient to the parties or at such other place as the parties and the mediator agree.

Conduct of the Mediation and Authority of the Mediator

9. The mediator may conduct the mediation in such a manner as he or she considers appropriate, taking into account the circumstances of the case, the wishes of the parties and the need for a speedy settlement of the dispute. The mediator does not have the authority to impose a settlement on the parties. The mediator is authorized to conduct both joint and separate meetings with the parties. If requested, the mediator may make oral or written recommendations concerning an appropriate resolution of the dispute.

Privacy

10. Mediation sessions are private. Persons other than the parties and their representatives may attend only with the permission of the parties and with the consent of the mediator.

Confidentiality

11. All information, records, reports or other documents received by a mediator while serving in that capacity will be confidential. The

mediator will not be compelled to divulge such records or to testify or give evidence in regard to the mediation in any adversary proceeding or judicial forum. The parties will maintain the confidentiality of the mediation and will not rely upon or introduce as evidence in any arbitral, judicial or other proceeding:

(ⅰ) views expressed or suggestions or offers made by another party or the mediator in the course of the mediation proceedings;

(ⅱ) admissions made by another party in the course of the mediation proceedings relating to the merits of the dispute; or

(ⅲ) the fact that another party had or had not indicated a willingness to accept a proposal for settlement made by another party or by the mediator. Facts, documents or other things otherwise admissible in evidence in any arbitral, judicial or other proceeding will not be rendered inadmissible by reason of their use in the mediation.

Exclusion of Liability

12. Neither JAMS International nor any mediator will be liable to any party for any act or omission alleged in connection with any mediation conducted under these Rules.

Interpretation and Application of the Rules

13. The mediator will interpret and apply these Rules insofar as they relate to the mediator's duties and responsibilities. All other procedures will be interpreted and applied by JAMS International.

Administrative Fees

14. Unless otherwise agreed by the parties to the mediation, all of JAMS International's administrative fees and expenses, including, without limitation, the fees and expenses of the mediator, will be divided equally between or among the parties to the mediation.

Role of Mediator in Other Proceedings

15. Unless all parties agree in writing, the mediator may not act as an arbitrator or as a representative of, or counsel to, a party in any arbitral or judicial proceedings relating to the dispute that was the subject of the mediation.

Resort to Arbitral or Judicial Proceedings

16. The parties undertake not to initiate, during the mediation, any arbitral or judicial proceedings in respect of a dispute that is the subject of the mediation, except that a party may initiate arbitral or judicial proceedings when, in its opinion, such proceedings either are necessary to toll a limitations period, including a statute of limitations that may be applicable, or are necessary otherwise to preserve its rights in the event that the mediation is unsuccessful.

Governing Law and Jurisdiction

17. The mediation shall be governed by, construed and take effect

in accordance with the laws where the mediation takes place. The courts of the state where the mediation takes place have exclusive jurisdiction to settle any claim, dispute or matter of difference that may arise out of or in connection with the mediation.

Termination of the Mediation

18. Any of the parties may withdraw from the mediation at any time and shall immediately inform the mediator and the other representatives in writing. The mediation will terminate when:

(i) a party withdraws from the mediation;

(ii) the mediator, at his/her discretion, withdraws from the mediation; or

(iii) a written settlement agreement is concluded. The mediator may also adjourn the mediation in order to allow parties to consider specific proposals, get further information or for any other reason that the mediator considers helpful in furthering the mediation process. The mediation will then reconvene with the agreement of the parties.

Settlement Agreements

19. Any settlement reached in the mediation will not be legally binding until it has been reduced to writing and signed by, or on behalf of, the parties.

后 记

有时，我会把写作专业书当成是一个类似使命的事儿在拼。但是，写作过程中的痛苦经常会打破这种拼搏的力量，然后就撕扯出写作中的丑陋和痛楚。所以，这时候甚至不知道为什么要写书，为什么要写作，为什么要做课题。但也只能硬着头皮黑着眼圈熬下去。

那，写书的意义何在？我曾扪心自问多次，但始终无解。不是这个问题复杂，而是因为这个问题我无法回答。这如同问我：人生的意义何在？千人千答，总有精彩答案甚至著作出现。这种哲学命题式的提问的确能够直击灵魂，但我给不出准确答案，或者不能自洽。

通常一些高大上的理由和价值很难匹配你内心真正的想法。时下，写一本书，哪儿有那么多冠冕堂皇。有的人就是要完成一个课题，因为课题成果就是专著；有的人就是要取得一个成果，因为老师总有考核任务；有的人就是要拥有专著，因为老师也需要晋升职称。但是，我既不是为了完成课题，也不是为了任务考核，还不是为了职称。那，我为什么要写？写书的意义何在？

话又回来了。其实，很大程度上，我写书是为了喜欢，为了我死后能有一些文字留下。我知道，这个理由很牵强，也很容易被击碎。什么立德立言立功，跟你有关系吗？什么诗书继世长，怎么能如此不知天高地厚？

但是有些喜欢，其实就是很简单的；有些喜欢，其实就是一点点的；有些喜欢，其实就是不纯粹的；有些喜欢，其实可能很无聊的；有些喜欢，其实连自己也说不清楚来由的。

其实我希望，有一天我写的书能够填满家里那一个书架，尽管那或许只是些没有人欣赏的故纸堆。

其实我希望，把这本书敬献给我的老妈。

教书做学问期间，我的奶奶去世了，我的爷爷后来也去世了。我无比怀念他们，因为爷爷奶奶打小就疼爱我。爷爷奶奶火化的时候，我双膝跪地内心祈祷，愿意折去我四分之一乃至三分之一的生命去换他们回来。每次亲人的离去都会留下一道永远无法弥合的伤疤。稍稍慰藉的是，他们都是高龄离去，走时也几乎没有痛苦。

但是我妈妈的早早离去，还是有些不同，出乎人生意料。

近乎十年之前，第二次英国进修刚返，也是我评定教授之时，妈妈被查出绝症。陪伴妈妈诊病问病的过程，几乎就是我的炼狱之旅。我几乎用尽了所有的力气，托付了诸多好友，也寻访了北京内外的诸多中医西院。妈妈受尽了诸般苦楚，我却没有听到她呻吟过一次。一次都没有。妈妈最后的岁月，是在老家有阳光的病房里度过的。幼子，病母，工作，几乎将我耗尽。我都已经忘记了自己还要评教授。这事儿也因为忘记填写那份实践表而流产，但是我已经顾不上了。每夜都无法入睡，每夜都有无法驱赶的崩溃。我知道我几乎一脚在鬼门关之外，一脚在鬼门关之内。妈妈走的那一天，就是母子连心的那一刻：妈妈撒手尘寰，我被送进医院。我出席了很多亲友的葬礼，但是妈妈的葬礼，我作为长子却没有参加。因为，我压根儿就没有见到她最后一面。这是个巨大的遗憾，永远无法弥补。

敲字至此，已泪水洗面。患病之前，我经常同老妈半真半假开玩笑：老妈，你看你在北京找不到工作吧。老妈也每每服气感叹：可不是吗，谁用啊。可是直到妈妈去世后聘请阿姨看护小孩儿的时候，我才真正醒悟：妈妈才是世间最好的守护。这个守护没了，不仅仅自小搭建的家没了，人世间不计付出的爱也没了。忆及第一次英国进修之时，妈妈在山东老家被人欺骗，说我在北京被撞有难之类。其实那时电话可以沟通，其实她也原本知道我在英国，但是她还是被骗了不少钱来消难。后来我也不止一次跟她提及此事，她也总说自己糊涂了，老了。也是她走了，我才愈来愈深刻醒悟到：骨子里的爱，断不是那么多道理和逻辑能说清。她哪里是糊涂，她是关心才乱啊。她以前说到自己小时候语文数学考双百的时候，我和妹妹都会大笑。但是等她花甲之年照看幼子跟着电视学英语的时候，我内心的确是震撼到了。我们学外语还能交流还能科研，她一个农村老太太这么大年纪学这个干嘛呢？

所受的教育中，经常听到名家大家冷板凳坐尽方得一精品。谁又在乎著作等身？这是一个多么值得怀念的时代啊。名岂文章著，官应老病休。今日今时，一切都在改变。屈指算来，写了几本书，但是好像也没有什么有价值的观点，更不用说系统性理论。汗颜啊。或许我只能努力做一些事情，努力对得起还算努力的自己。

谨以此书纪念我的老妈。爱您，老妈！！！

2024 年 5 月 26 日于通州台湖